Rito Eucarístico

**Prefácios
Orações Eucarísticas**

Missa de Exéquias
Bênção do Santíssimo

Direção Editorial:
Pe. Fábio Evaristo R. Silva, C.Ss.R.

Organizador:
Pe. Ferdinando Mancilio, C.Ss.R.

Diagramação:
Silas Abner de Oliveira

Revisão:
Maria Isabel de Araújo

Capa:
Mauricio Pereira

Textos conforme Missal Romano com tradução realizada e publicada pela Conferência Nacional dos Bispos do Brasil.

ISBN 978-85-369-0525-9

FSC
www.fsc.org
MISTO
Papel produzido a partir de fontes responsáveis
FSC® C132240

A marca FSC® é a garantia de que a madeira utilizada na fabricação do papel deste livro provém de florestas que foram gerenciadas de maneira ambientalmente correta, socialmente justa e economicamente viável.

Este livro foi composto com as famílias tipográficas Georgia e Trajan Pro e impresso em papel Pólen Soft 70g pela Gráfica Santuário.

1ª impressão, 2018

2ª impressão

Todos os diteiros reservados à EDITORA SANTUÁRIO – 2019

Rua Pe. Claro Monteiro, 342 – 12570-000 – Aparecida-SP
Tel.: 12 3104-2000 – Televendas: 0800 - 16 00 04
www.editorasantuario.com.br
vendas@editorasantuario.com.br

RITO DA MISSA
COM O POVO

RITOS INICIAIS

1. Saudação

Reunido o povo, o sacerdote dirige-se ao altar com os ministros, durante o canto de entrada.
Chegando ao altar e feita a devida reverência, beija-o em sinal de veneração e, se for oportuno, incensa-o. Em seguida, todos se dirigem às cadeiras.
Terminado o canto de entrada, toda a assembleia, de pé, faz o sinal da cruz, enquanto o sacerdote diz:

— Em nome do Pai † e do Filho e do Espírito Santo.
— **Amém.**
— Irmãos e irmãs, a vós paz e fé da parte de Deus, nosso Pai, a graça e alegria de nosso Senhor Jesus Cristo, no amor e na comunhão do Espírito Santo.
— A graça de nosso Senhor Jesus Cristo, o amor do Pai e a comunhão do Espírito Santo estejam convosco.
— A graça e a paz de Deus, nosso Pai, e de Jesus Cristo, nosso Senhor, estejam convosco.
— O Senhor, que encaminha os nossos corações para o amor de Deus e a constância de Cristo, esteja convosco.
— O Deus da esperança, que nos cumula de toda alegria e paz em nossa fé, pela ação do Espírito Santo, esteja convosco.
— A vós, irmãos, paz e fé da parte de Deus, o Pai, e do Senhor Jesus Cristo.
— **Bendito seja Deus que nos reuniu no amor de Cristo.**

O sacerdote, diácono ou outro ministro devidamente preparado poderá, em breves palavras, introduzir os fiéis na missa do dia.

2. Ato Penitencial

Fórmula 1

— O Senhor Jesus, que nos convida à mesa da Palavra e da Eucaristia, nos chama à conversão. Reconheças ser pecadores e invoquemos com confiança a misericórdia do Pai. *(Silêncio)* Confessemos os nossos pecados:

— Confesso a Deus todo-poderoso/ e a vós, irmãos e irmãs, / que pequei muitas vezes, / por pensamentos e palavras, / atos e omissões, / por minha culpa, minha tão grande culpa. / E peço à Virgem Maria, / aos anjos e santos/ e a vós, irmãos e irmãs, / que rogueis por mim a Deus, nosso Senhor.

— Deus todo-poderoso tenha compaixão de nós, perdoe os nossos pecados e nos conduza à vida eterna.

— Amém.

— Senhor, tende piedade de nós.

— Senhor, tende piedade de nós!

— Cristo, tende piedade de nós.

— Cristo, tende piedade de nós!

— Senhor, tende piedade de nós.

— Senhor, tende piedade de nós!

Fórmula 2

— No início desta celebração eucarística, peçamos a conversão do coração, fonte de reconciliação e comunhão com Deus e com os irmãos e irmãs. *(Silêncio)*

— Tende compaixão de nós, Senhor.

— Porque somos pecadores.

— Manifestai, Senhor, a vossa misericórdia.

— E dai-nos a vossa salvação.

— Deus todo-poderoso tenha compaixão de nós, perdoe os nossos pecados e nos conduza à vida eterna.

— Amém.

— Senhor, tende piedade de nós.

— Senhor, tende piedade de nós.

— Cristo, tende piedade de nós.

— Cristo, tende piedade de nós!

— Senhor, tende piedade de nós.

— Senhor, tende piedade de nós.

Fórmula 3

— Em Jesus Cristo, o justo, que intercede por nós e nos reconcilia com o Pai, abramos o nosso espírito ao arrependimento para sermos menos indignos de aproximar--nos da mesa do Senhor. *(Silêncio)*

— Senhor, que viestes salvar os corações arrependidos, tende piedade de nós.

— Senhor, tende piedade de nós!

— Cristo, que viestes chamar os pecadores, tende piedade de nós.

— Cristo, tende piedade de nós!

— Senhor, que intercedeis por nós junto do Pai, tende piedade de nós.

— Senhor, tende piedade de nós!

— Deus todo-poderoso tenha compaixão de nós, perdoe os nossos pecados e nos conduza à vida eterna.

— Amém.

Fórmula 4

— Senhor, que sois o caminho que leva ao Pai, tende piedade de nós.

— Senhor, tende piedade de nós.

— Cristo, que sois a verdade que ilumina os povos, tende piedade de nós.

— Cristo, tende piedade de nós.

— Senhor, que sois a vida que renova o mundo, tende piedade de nós.

— Senhor, tende piedade de nós.

— Deus todo-poderoso tenha compaixão de nós, perdoe os nossos pecados e nos conduza à vida eterna.

— Amém.

Tempo Comum

1. Senhor, que oferecestes o vosso perdão a Pedro arrependido, tende piedade de nós.

— **Senhor, tende piedade de nós.**
— Cristo, que prometestes o paraíso ao bom ladrão, tende piedade de nós.
— **Cristo, tende piedade de nós.**
— Senhor, que acolheis toda pessoa que confia na vossa misericórdia, tende piedade de nós.
— **Senhor, tende piedade de nós.**

2. Senhor, que viestes, não para condenar, mas para perdoar, tende piedade de nós.
— **Senhor, tende piedade de nós.**
— Cristo, que vos alegrais pelo pecador arrependido, tende piedade de nós.
— **Cristo, tende piedade de nós.**
— Senhor, que muito perdoais a quem muito ama, tende piedade de nós.
— **Senhor, tende piedade de nós.**

3. Senhor, que viestes procurar quem estava perdido, tende piedade de nós.
— **Senhor, tende piedade de nós.**
— Cristo, que viestes dar a vida em resgate de muitos, tende piedade de nós.
— **Cristo, tende piedade de nós.**
— Senhor, que congregais na unidade os vossos filhos dispersos, tende piedade de nós.
— **Senhor, tende piedade de nós.**

4. Senhor, que sois a plenitude da verdade e da graça, tende piedade de nós.
— **Senhor, tende piedade de nós.**
— Cristo, que vos tornastes pobre para nos enriquecer, tende piedade de nós.
— **Cristo, tende piedade de nós.**
— Senhor, que viestes para fazer de nós o vosso povo santo, tende piedade de nós.
— **Senhor, tende piedade de nós.**

Tempo do Advento

1. Senhor, que viestes ao mundo para nos salvar, tende piedade de nós.
— **Senhor, tende piedade de nós.**
Cristo, que continuamente nos visitais com a graça do vosso Espírito, tende piedade de nós.
— **Cristo, tende piedade de nós.**
Senhor, que vireis um dia para julgar as nossas obras, tende piedade de nós.
— **Senhor, tende piedade de nós.**

2. Senhor, que sois o defensor dos pobres, tende piedade de nós.
— **Senhor, tende piedade de nós.**
Cristo, que sois o refúgio dos fracos, tende piedade de nós.
— **Cristo, tende piedade de nós.**
Senhor, que sois a esperança dos pecadores, tende piedade de nós.
— **Senhor, tende piedade de nós.**

3. Senhor, que vindes visitar vosso povo na paz, tende piedade de nós.
— **Senhor, tende piedade de nós.**
Cristo, que vindes salvar o que estava perdido, tende piedade de nós.
— **Cristo, tende piedade de nós.**
Senhor, que vindes criar um mundo novo, tende piedade de nós.
— **Senhor, tende piedade de nós.**

Tempo do Natal

1. Senhor, Filho de Deus, que, nascendo da Virgem Maria, vos fizestes nosso irmão, tende piedade de nós.
— **Senhor, tende piedade de nós.**

Cristo, Filho do homem, que conheceis e compreendeis nossa fraqueza, tende piedade de nós.

— **Cristo, tende piedade de nós.**

Senhor, Filho primogênito do Pai, que fazeis de nós uma só família, tende piedade de nós.

— **Senhor, tende piedade de nós.**

2. Senhor, rei da paz, tende piedade de nós.

— **Senhor, tende piedade de nós.**

Cristo, luz nas trevas, tende piedade de nós.

— **Cristo, tende piedade de nós.**

Senhor, imagem do homem novo, tende piedade de nós.

— **Senhor, tende piedade de nós.**

Tempo da Quaresma

1. Senhor, que nos mandastes perdoar-nos mutuamente antes de nos aproximar do vosso altar, tende piedade de nós.

— **Senhor, tende piedade de nós.**

Cristo, que na cruz destes o perdão aos pecadores, tende piedade de nós.

— **Cristo, tende piedade de nós.**

Senhor, que confiastes à vossa Igreja o ministério da reconciliação, tende piedade de nós.

— **Senhor, tende piedade de nós.**

2. Senhor, que na água e no Espírito nos regenerastes à vossa imagem, tende piedade de nós.

— **Senhor, tende piedade de nós.**

Cristo, que enviais o vosso Espírito para criar em nós um coração novo, tende piedade de nós.

— **Cristo, tende piedade de nós.**

Senhor, que nos tornastes participantes do vosso Corpo e do vosso Sangue, tende piedade de nós.

— **Senhor, tende piedade de nós.**

3. Senhor, que fazeis passar da morte para a vida quem ouve a vossa palavra, tende piedade de nós.

— **Senhor, tende piedade de nós.**

Cristo, que quisestes ser levantado da terra para atrair-nos a vós, tende piedade de nós.

— Cristo, tende piedade de nós.

Senhor, que nos submeteis ao julgamento da vossa cruz, tende piedade de nós.

— Senhor, tende piedade de nós.

Tempo Pascal

1. Senhor, nossa paz, tende piedade de nós.

— Senhor, tende piedade de nós.

Cristo, nossa Páscoa, tende piedade de nós.

— Cristo, tende piedade de nós.

Senhor, nossa vida, tende piedade de nós.

— Senhor, tende piedade de nós.

2. Senhor, que sois o eterno sacerdote da nova Aliança, tende piedade de nós.

— Senhor, tende piedade de nós.

Cristo, que nos edificais como pedras vivas no templo santo de Deus, tende piedade de nós.

— Cristo, tende piedade de nós.

Senhor, que nos tornais concidadãos dos santos no reino dos céus, tende piedade de nós.

— Senhor, tende piedade de nós.

3. Senhor, que, subindo ao céu, nos presenteastes com o dom do Espírito, tende piedade de nós.

— Senhor, tende piedade de nós.

Cristo, que dais vida a todas as coisas com o poder da vossa palavra, tende piedade de nós.

— Cristo, tende piedade de nós.

Senhor, Rei do universo e Senhor dos séculos, tende piedade de nós.

— Senhor, tende piedade de nós.

RITO DA ASPERSÃO DA ÁGUA

— Irmãos e irmãs em Cristo, invoquemos o Senhor nosso Deus para que se digne abençoar esta água que vai ser aspergida sobre nós, recordando o nosso batismo. Que ele se digne ajudar-nos para permanecermos fiéis ao Espírito que recebemos.

(Momento de silêncio)

— Deus eterno e todo-poderoso, quisestes que pela água, fonte de vida e princípio de purificação, as nossas almas fossem purificadas e recebessem o prêmio da vida eterna. Abençoai ... esta água para que nos proteja neste dia que vos é consagrado, e renovai em nós a fonte viva de vossa graça, a fim de que nos livre de todos os males e possamos nos aproximar de vós com o coração puro e receber a vossa salvação. Por Cristo, nosso Senhor.

— **Amém.**

(Durante a aspersão canta-se ou repete-se a Antífona)

Ant. 1 — Aspergi-me, Senhor, e serei purificado; lavai-me, e serei mais branco do que a neve *(Sl 50,9).*

Ant. 2 — Derramarei sobre vós uma água pura, sereis purificados de todas as faltas, e vos darei um coração novo, diz o Senhor *(Ez 36,25-26).*

(Terminada a aspersão o celebrante diz:)

— Que Deus todo-poderoso nos purifique dos nossos pecados e, pela celebração desta Eucaristia, nos torne dignos da mesa de seu reino.

— **Amém.**

3. Hino de Louvor

Quando for prescrito, canta-se ou recita-se o Hino de Louvor:

Glória a Deus nas alturas/ e paz na terra aos homens por ele amados./ **Senhor Deus, Rei dos céus,/ Deus Pai todo-poderoso./** Nós vos louvamos,/ **nós vos bendizemos,/** nós vos adoramos,/ **nós vos glorificamos,/** nós vos damos graças/ por vossa imensa glória./ **Senhor Jesus Cristo, Filho unigênito,/** Senhor Deus,/ Cordeiro de Deus,/ Filho de Deus Pai./ **Vós, que tirais o pecado do mundo,/ tende piedade de nós./** Vós, que tirais o pecado do mundo,/ acolhei a nossa súplica./ **Vós, que estais à direita do Pai,/**

tende piedade de nós./ Só vós sois o Santo,/ **só vós, o Senhor,/** só vós, o Altíssimo,/ Jesus Cristo,/ **com o Espírito Santo, na glória de Deus Pai. Amém.**

4. Oração
Própria do dia, da festa ou solenidade

LITURGIA DA PALAVRA

5. Leituras

O leitor dirige-se ao Ambão ou Mesa da Palavra para a Primeira Leitura, que todos ouvem sentados. Ao final acrescenta:

— Palavra do Senhor
E todos aclamam:

— **Graças a Deus.**
Após as Leituras, é aconselhável um momento de silêncio para meditação.
O Salmista ou o Cantor recita o Salmo, e o povo o estribilho.
Se houver Segunda Leitura, o leitor a fará no Ambão, como acima.

Segue-se o ALELUIA ou outro Cântico.
Enquanto isso, o sacerdote, se usar incenso, coloca-o no turíbulo. O diácono que vai proclamar o Evangelho, inclinando-se diante do sacerdote (ou do bispo), pede a bênção em voz baixa:

— Dá-me a tua bênção.
O sacerdote diz em voz baixa:

— O Senhor esteja em teu coração e em teus lábios para que possas anunciar dignamente o seu Evangelho: Em nome do Pai † e do Filho e do Espírito Santo.
O diácono responde:

— Amém.
Se não houver diácono, o sacerdote, inclinado diante do altar, reza em silêncio:

— Ó Deus todo-poderoso, purificai-me o coração e os lábios, para que eu anuncie dignamente vosso santo Evangelho.
O diácono ou o sacerdote dirige-se ao Ambão ou Mesa da Palavra, acompanhado, se for oportuno, pelos ministros com o incenso e as velas.

6. Profissão de Fé
a) Símbolo Niceno-Constantinopolitano

Creio em um só Deus, Pai todo-poderoso, criador do céu e da terra, / **de todas as coisas visíveis e invisíveis.** / Creio em um só Senhor, Jesus Cristo, / Filho unigênito de Deus, / **nascido do Pai antes de todos os séculos:** / Deus de Deus, luz da luz, / Deus verdadeiro de Deus verdadeiro, / **gerado, não criado, consubstancial ao Pai**. / Por ele todas as coisas foram feitas. / **E por nós, homens, e para nossa salvação, desceu dos céus:** *(Todos se inclinam às palavras seguintes até "e se fez homem")* / e se encarnou pelo Espírito Santo, / no seio da Virgem Maria, e se fez homem. / **Também por nós foi crucificado sob Pôncio Pilatos; / padeceu e foi sepultado.** / Ressuscitou ao terceiro dia, / conforme as Escrituras, / **e subiu aos céus, / onde está sentado à direita do Pai.** / E de novo há de vir, / em sua glória, / **para julgar os vivos e os mortos; / e o seu reino não terá fim.** / Creio no Espírito Santo, / Senhor que dá a vida, / e procede do Pai e do Filho; / **e com o Pai e o Filho é adorado e glorificado; / ele que falou pelos profetas.** / Creio na Igreja, una, santa, católica e apostólica. / **Professo um só batismo / para remissão dos pecados.** / E espero a ressurreição dos mortos / e a vida do mundo que há de vir. **Amém.**

b) Símbolo Apostólico

Creio em Deus Pai todo-poderoso, criador do céu e da terra./ **E em Jesus Cristo, seu único Filho, nosso Senhor,**/ *(inclina-se até às palavras da Virgem Maria)* que foi concebido pelo poder do Espírito Santo; nasceu da Virgem Maria;/ **padeceu sob Pôncio Pilatos, foi crucificado, morto e sepultado.**/ Desceu à mansão dos mortos, ressuscitou ao terceiro dia,/ **subiu aos céus**; **está sentado à direita de Deus Pai todo-poderoso,**/ donde há de vir a julgar os vivos e os mortos./ **Creio no Espírito Santo;**/ na Santa Igreja Católica; na comunhão dos santos;/ **na remissão dos pecados;/** na ressurreição da carne;/ **na vida eterna. Amém.**

7. Oração Universal ou dos Fiéis

Faz-se a Oração Universal ou dos Fiéis, precisamente no Ambão ou na Mesa da Palavra

LITURGIA EUCARÍSTICA

8. Ofertório

— Bendito sejais, Senhor, Deus do universo, pelo pão que recebemos de vossa bondade, fruto da terra e do trabalho humano, que agora vos apresentamos, e para nós se vai tornar pão da vida.

— **Bendito seja Deus para sempre!**

Pelo mistério desta água e deste vinho possamos participar da divindade do vosso Filho, que se dignou assumir a nossa humanidade.

— Bendito sejais, Senhor, Deus do universo, pelo vinho que recebemos de vossa bondade, fruto da videira e do trabalho humano, que agora vos apresentamos e para nós se vai tornar vinho da salvação.

— **Bendito seja Deus para sempre!**

— De coração contrito e humilde, sejamos, Senhor, acolhidos por vós; e seja nosso sacrifício de tal modo oferecido que vos agrade, Senhor, nosso Deus.

Se oportuno, incensa as oferendas e o altar. Depois, o diácono ou o ministro incensa o sacerdote e o povo.

— Lavai-me, Senhor, de minhas faltas e purificai-me de meus pecados.

No meio do altar e voltado para o povo, estendendo e unindo as mãos, o sacerdote diz:

— Orai, irmãos e irmãs, para que o nosso sacrifício seja aceito por Deus Pai todo-poderoso.

— Orai, irmãos e irmãs, para que esta nossa família, reunida em nome de Cristo, possa oferecer um sacrifício que seja aceito por Deus Pai todo-poderoso.

— Orai, irmãos e irmãs, para que levando ao altar as alegrias e fadigas de cada dia, nos disponhamos a oferecer um sacrifício aceito por Deus Pai todo-poderoso.

— Orai, irmãos e irmãs, para que o sacrifício da Igreja, nesta pausa restauradora na caminhada rumo ao céu, seja aceito por Deus Pai todo-poderoso.

— Receba o Senhor por tuas mãos este sacrifício, para glória do seu nome, para nosso bem e de toda a santa Igreja.

9. Oração Sobre as Oferendas

Em seguida, abrindo os braços, o sacerdote reza a oração sobre as oferendas, ao terminar, o povo aclama:

— Amém.

10. Oração Eucarística

— O Senhor esteja convosco.

— Ele está no meio de nós.

— Corações ao alto.

— O nosso coração está em Deus.

— Demos graças ao Senhor, nosso Deus.

— É nosso dever e nossa salvação.

O sacerdote, de braços abertos, continua o prefácio.
Ao final, une as mãos e, com o povo, canta ou diz em voz alta:

— Santo, Santo, Santo, Senhor, Deus do universo! O céu e a terra proclamam a vossa glória. Hosana nas alturas! Bendito o que vem em nome do Senhor! Hosana nas alturas!

Em todas as missas, o sacerdote deverá proferir com voz inteligível a Oração Eucarística; poderão ser cantadas aquelas partes que, segundo o rito da celebração, forem apropriadas ao canto. Na PRIMEIRA ORAÇÃO EUCARÍSTICA ou Cânon Romano, pode-se omitir o que estiver entre parênteses.

PREFÁCIOS:

(Advento I — Missal, p. 406)

NA VERDADE, é justo e necessário, é nosso dever e salvação dar-vos graças, sempre e em todo o lugar, Senhor, Pai santo, Deus eterno e todo-poderoso, por Cristo, Senhor nosso. Revestido da nossa fragilidade, ele veio a primeira vez para realizar seu eterno plano de amor e abrir-nos o caminho da salvação. Revestido de sua glória ele virá uma segunda vez para conceder-nos em plenitude os bens prometidos que hoje, vigilantes, esperamos. Por essa razão, agora e sempre, nós nos unimos aos anjos e a todos os santos, cantando (dizendo) a uma só voz:

(Advento I A — Missal, p. 407)

NA VERDADE, é justo e necessário, é nosso dever e salvação louvar-vos e bendizer-vos, Senhor, Pai santo, Deus eterno e todo-poderoso, princípio e fim de todas as coisas. Vós preferistes ocultar o dia e a hora em que Cristo, vosso Filho, Senhor e Juiz da História, aparecerá nas nuvens do céu, revestido de poder e majestade. Naquele tremendo e glorioso dia, passará o mundo presente e surgirá novo céu e nova terra. Agora e em todos os tempos, ele vem ao nosso encontro, presente em cada pessoa humana, para que o acolhamos na fé e o testemunhemos na caridade, enquanto esperamos a feliz realização de seu Reino. Por isso, certos de sua vinda gloriosa, unidos aos anjos, vossos mensageiros, vos louvamos, cantando (dizendo) a uma só voz:

(Advento II — Missal, p. 408)

NA VERDADE, é justo e necessário, é nosso dever e salvação dar-vos graças, sempre e em todo o lugar, Senhor, Pai santo, Deus eterno e todo-poderoso, por Cristo, Senhor nosso. Predito por todos os profetas, esperado com amor de mãe pela Virgem Maria, Jesus foi anunciado e mostrado presente no mundo por São João Batista. O próprio Senhor nos dá a alegria de entrarmos agora no mistério do seu Natal para que sua chegada nos encontre vigilantes na oração e celebrando os seus louvores. Por essa razão, agora e sempre, nós nos unimos aos anjos e a todos os santos, cantando (dizendo) a uma só voz:

(Advento II A — Missal, p. 409)
NA VERDADE, é justo e necessário, é nosso dever e salvação dar-vos graças, Senhor, Pai santo, Deus eterno e todo-poderoso. Nós vos louvamos, bendizemos e glorificamos pelo mistério da Virgem Maria, Mãe de Deus. Do antigo adversário nos veio a desgraça, mas do seio virginal da Filha de Sião germinou aquele que nos alimenta com o pão do céu e garante para todo o gênero humano a salvação e a paz. Em Maria, é-nos dada de novo a graça que por Eva tínhamos perdido. Em Maria, mãe de todos os seres humanos, a maternidade, livre do pecado e da morte, se abre para uma nova vida. Se grande era a nossa culpa, bem maior se apresenta a divina misericórdia em Jesus Cristo, nosso Salvador. Por isso, enquanto esperamos sua chegada, unidos aos anjos e a todos os santos, cheios de esperança e alegria, nós vos louvamos cantando (dizendo) a uma só voz:

(Natal I — Missal, p. 410)
NA VERDADE, é justo e necessário, é nosso dever e salvação dar-vos graças, sempre e em todo o lugar, Senhor, Pai santo, Deus eterno e todo-poderoso. No mistério da encarnação de vosso Filho, nova luz da vossa glória brilhou para nós. E, reconhecendo a Jesus como Deus visível a nossos olhos, aprendemos a amar nele a divindade que não vemos. Por ele os anjos celebram vossa grandeza e os santos proclamam vossa glória. Concedei-nos também a nós associar-nos a seus louvores, cantando (dizendo) a uma só voz:

(Natal II — Missal, p. 411)
NA VERDADE, é justo e necessário, é nosso dever e salvação dar-vos graças, sempre e em todo o lugar, Se-

nhor, Pai santo, Deus eterno e todo-poderoso, por Cristo, Senhor nosso. Ele, no mistério do Natal que celebramos, invisível em sua divindade, tornou-se visível em nossa carne. Gerado antes dos tempos, entrou na história da humanidade para erguer o mundo decaído. Restaurando a integridade do universo, introduziu no Reino dos Céus o homem redimido. Por essa razão, hoje e sempre, nós nos unimos aos anjos e a todos os santos, cantando (dizendo) a uma só voz:

(Natal III — Missal, p. 412)

NA VERDADE, é justo e necessário, é nosso dever e salvação dar-vos graças, sempre e em todo o lugar, Senhor, Pai santo, Deus eterno e todo-poderoso, por Cristo, Senhor nosso. Por ele, realiza-se hoje o maravilhoso encontro que nos dá vida nova em plenitude. No momento em que vosso Filho assume nossa fraqueza, a natureza humana recebe uma incomparável dignidade: ao tornar-se ele um de nós, nós nos tornamos eternos. Por essa razão, agora e sempre, nós nos unimos à multidão dos anjos e arcanjos, cantando (dizendo) a uma só voz:

(Epifania — Missal, p. 413)

NA VERDADE, é justo e necessário, é nosso dever e salvação dar-vos graças, sempre e em todo o lugar, Senhor, Pai santo, Deus eterno e todo-poderoso. Revelastes, hoje, o mistério de vosso Filho como luz para iluminar todos os povos no caminho da salvação. Quando Cristo se manifestou em nossa carne mortal, vós nos recriastes na luz eterna de sua divindade. Por essa razão, agora e sempre, nós nos unimos aos anjos e a todos os santos, cantando (dizendo) a uma só voz:

(Quaresma I — Missal, p. 414)

NA VERDADE, é justo e necessário, é nosso dever e salvação dar-vos graças, sempre e em todo o lugar, Senhor, Pai santo, Deus eterno e todo-poderoso, por

Cristo, Senhor nosso. Vós concedeis aos cristãos esperar com alegria, cada ano, a festa da Páscoa. De coração purificado, entregues à oração e à prática do amor fraterno, preparamo-nos para celebrar os mistérios pascais, que nos deram vida nova e nos tornaram filhas e filhos vossos. Por essa razão, agora e sempre, nós nos unimos aos anjos e a todos os santos, cantando (dizendo) a uma só voz:

(Quaresma II — Missal, p. 415)
NA VERDADE, é justo e necessário, é nosso dever e salvação dar-vos graças, sempre e em todo o lugar, Senhor, Pai santo, Deus eterno e todo-poderoso, por Cristo, Senhor nosso. Para renovar, na santidade, o coração dos vossos filhos e filhas, instituístes este tempo de graça e salvação. Libertando-nos do egoísmo e das outras paixões desordenadas, superamos o apego às coisas da terra. E, enquanto esperamos a plenitude eterna, proclamamos a vossa glória, cantando (dizendo) a uma só voz:

(Quaresma III — Missal, p. 416)
NA VERDADE, é justo e necessário, é nosso dever e salvação dar-vos graças, sempre e em todo o lugar, Senhor, Pai santo, Deus eterno e todo-poderoso, por Cristo, Senhor nosso. Vós acolheis nossa penitência como oferenda à vossa glória. O jejum e a abstinência que praticamos, quebrando nosso orgulho, nos convidam a imitar vossa misericórdia, repartindo o pão com os necessitados. Unidos à multidão dos anjos e dos santos, nós vos aclamamos, cantando (dizendo) a uma só voz:

(Quaresma IV — Missal, p. 417)
NA VERDADE, é justo e necessário, é nosso dever e salvação dar-vos graças, sempre e em todo o lugar, Senhor, Pai santo, Deus eterno e todo-poderoso. Pela penitência da Quaresma, corrigis nossos vícios, elevais

nossos sentimentos, fortificais nosso espírito fraterno e nos garantis uma eterna recompensa, por Cristo, Senhor nosso. Por ele, os anjos celebram a vossa grandeza e os santos proclamam vossa glória. Concedei-nos também a nós associar-nos a seus louvores, cantando (dizendo) a uma só voz:

(Quaresma V — Missal, p. 418)

NA VERDADE, é justo e necessário, é nosso dever e salvação louvar-vos, Pai santo, rico em misericórdia, e bendizer vosso nome, enquanto caminhamos para a Páscoa, seguindo as pegadas de Jesus Cristo, vosso Filho e Senhor nosso, mestre e modelo da humanidade, reconciliada e pacificada no amor. Vós reabris para a Igreja, durante esta Quaresma, a estrada do Êxodo, para que ela, aos pés da montanha sagrada, humildemente tome consciência de sua vocação de povo da aliança. E, celebrando vossos louvores, escute vossa Palavra e experimente os vossos prodígios. Por isso, olhando com alegria esses sinais de salvação, unidos aos anjos e aos santos entoamos o vosso louvor, cantando (dizendo) a uma só voz:

(Paixão I — Missal, p. 419)

NA VERDADE, é justo e necessário, é nosso dever e salvação dar-vos graças, sempre e em todo o lugar, Senhor, Pai Santo, Deus eterno e todo-poderoso. O universo inteiro, salvo pela Paixão de vosso Filho, pode proclamar a vossa misericórdia. Pelo poder radiante da Cruz, vemos com clareza o julgamento do mundo e a vitória de Jesus crucificado. Por ele, com os anjos e todos os santos, nós vos louvamos, cantando (dizendo) a uma só voz:

(Paixão II — Missal, p. 420)

NA VERDADE, é justo e necessário, é nosso dever e salvação dar-vos graças, sempre e em todo o lugar, Senhor, Pai Santo, Deus eterno e todo-poderoso, por Cristo, Senhor nosso. Já se aproximam os dias de sua

Paixão salvadora e de sua gloriosa Ressurreição. Dias em que celebramos com fervor a vitória sobre o antigo inimigo e entramos no mistério da nossa Redenção. Enquanto a multidão dos anjos e dos santos se alegra eternamente na vossa presença, em humilde adoração, nós nos associamos aos seus louvores, cantando (dizendo) a uma só voz:

(Páscoa I — Missal, p. 421)
NA VERDADE, é justo e necessário, é nosso dever e salvação dar-vos graças, sempre e em todo o lugar, mas sobretudo nesta noite (neste dia *ou* neste tempo) em que Cristo, nossa Páscoa, foi imolado. Ele é o verdadeiro Cordeiro, que tira o pecado do mundo. Morrendo, destruiu a morte e, ressurgindo, deu-nos a vida. Transbordando de alegria pascal, nós nos unimos aos anjos e a todos os santos, para celebrar a vossa glória, cantando (dizendo) a uma só voz:

(Páscoa II — Missal, p. 422)
NA VERDADE, é justo e necessário, é nosso dever e salvação dar-vos graças, sempre e em todo o lugar, mas sobretudo neste tempo solene em que Cristo, nossa Páscoa, foi imolado. Por ele, os filhos da luz nascem para a vida eterna; e as portas do Reino dos céus se abrem para os fiéis redimidos. Nossa morte foi redimida pela sua e na sua ressurreição ressurgiu a vida para todos. Transbordando de alegria pascal, nós nos unimos aos anjos e a todos os santos, para celebrar vossa glória, cantando (dizendo) a uma só voz:

(Páscoa III — Missal, p. 423)
NA VERDADE, é justo e necessário, é nosso dever e salvação dar-vos graças, sempre e em todo o lugar, mas sobretudo neste tempo solene em que Cristo, nossa Páscoa, foi imolado. Ele continua a oferecer-se pela humanidade, e junto de vós é nosso eterno intercessor. Imolado, já não morre; e, morto, vive eternamente.

Unidos à multidão dos anjos e dos santos, transbordando de alegria pascal, nós vos aclamamos, cantando (dizendo) a uma só voz:

(Páscoa IV — Missal, p. 424)
NA VERDADE, é justo e necessário, é nosso dever e salvação dar-vos graças, sempre e em todo o lugar, mas sobretudo neste tempo solene em que Cristo, nossa Páscoa, foi imolado. Vencendo a corrupção do pecado, realizou uma nova criação. E, destruindo a morte, garantiu-nos a vida em plenitude. Unidos à multidão dos anjos e dos santos, transbordando de alegria pascal, nós vos aclamamos, cantando (dizendo) a uma só voz:

(Páscoa V — Missal, p. 425)
NA VERDADE, é justo e necessário, é nosso dever e salvação dar-vos graças, sempre e em todo o lugar, mas sobretudo neste tempo solene em que Cristo, nossa Páscoa, foi imolado. Pela oblação de seu corpo, pregado na cruz, levou à plenitude os sacrifícios antigos. Confiante, entregou em vossas mãos seu espírito, cumprindo inteiramente vossa santa vontade, revelando-se, ao mesmo tempo, sacerdote, altar e cordeiro. Por essa razão, transbordamos de alegria pascal, e celebramos vossa glória, cantando (dizendo) a uma só voz:

(Ascensão I — Missal, p. 426)
NA VERDADE, é justo e necessário, é nosso dever e salvação dar-vos graças, sempre e em todo o lugar, Senhor, Pai santo, Deus eterno e todo-poderoso. Vencendo o pecado e a morte, vosso Filho Jesus, Rei da Glória, subiu (hoje) ante os anjos maravilhados ao mais alto dos céus. E tornou-se o mediador entre vós, Deus, nosso Pai, e a humanidade redimida, Juiz do mundo e Senhor do universo. Ele, nossa cabeça e princípio, subiu aos céus, não para afastar-se de nossa humanidade,

mas para dar-nos a certeza de que nos conduzirá à glória da imortalidade. Por essa razão, transbordamos de alegria pascal, e aclamamos vossa bondade, cantando (dizendo) a uma só voz:

(Ascensão II — Missal, p. 427)
NA VERDADE, é justo e necessário, é nosso dever e salvação dar-vos graças, sempre e em todo o lugar, Senhor, Pai santo, Deus eterno e todo-poderoso, por Cristo, Senhor nosso. Ele, após a Ressurreição, apareceu aos discípulos e, à vista deles, subiu aos céus, a fim de nos tornar participantes da sua divindade. Por isso, o mundo inteiro exulta de alegria pascal. Os anjos no céu e os homens e mulheres na terra, unidos a todas as criaturas, proclamamos a vossa glória, cantando (dizendo) a uma só voz:

(Transfiguração — Missal, p. 628)
NA VERDADE, é justo e necessário, é nosso dever e salvação dar-vos graças, sempre e em todo o lugar, Senhor, Pai santo, Deus eterno e todo-poderoso, por Cristo, Senhor nosso. Perante testemunhas escolhidas, Jesus manifestou sua glória e fez resplandecer seu corpo, igual ao nosso, para que os discípulos não se escandalizassem da cruz. Desse modo, como cabeça da Igreja, manifestou o esplendor que refulgiria em todos os cristãos. Unidos à multidão dos anjos e dos santos, celebramos a vossa glória, cantando (dizendo) a uma só voz:

(Comum I — Missal, p. 456)
NA VERDADE, é justo e necessário, é nosso dever e salvação dar-vos graças, sempre e em todo o lugar, Senhor, Pai santo, Deus eterno e todo-poderoso, por Cristo, Senhor nosso. Quisestes que ele fosse o fundamento de todas as coisas, e a todos destes participar de sua plenitude. Sendo verdadeiro Deus, despojou-se de sua glória. E, pelo sangue derramado na cruz, trouxe a paz ao mundo

inteiro. Elevado acima de toda criatura, tornou-se a fonte da salvação para todos os que fazem a sua vontade. Por ele, os anjos celebram vossa grandeza e os santos proclamam vossa glória. Concedei-nos também a nós associar--nos a seus louvores, cantando (dizendo) a uma só voz:

(Comum II — Missal, p. 457)

NA VERDADE, é justo e necessário, é nosso dever e salvação dar-vos graças, sempre e em todo o lugar, Senhor, Pai santo, Deus eterno e todo-poderoso. Em vosso amor de Pai, criastes o homem e a mulher, dando-lhes origem e destino divinos. E, quando pecaram, quebrando a aliança, vossa justiça os puniu; mas vossa misericórdia os resgatou, por Cristo, vosso Filho e Senhor nosso. E, enquanto esperamos a glória eterna, proclamamos o vosso louvor, cantando (dizendo) a uma só voz:

(Comum III — Missal, p. 458)

NA VERDADE, é justo e necessário, é nosso dever e salvação dar-vos graças, sempre e em todo o lugar, Senhor, Pai santo, Deus eterno e todo-poderoso. Por vosso amado Filho, criastes o homem e a mulher. E, quando caíram por sua própria culpa, vossa bondade os salvou pelo Cordeiro divino, que tira o pecado do mundo. Por isso, vos servem todas as criaturas, com justiça vos louvam os redimidos e, unânimes, vos bendizem os vossos santos. Concedei-nos também a nós associar-nos a seus louvores, cantando (dizendo) a uma só voz:

(Comum IV — Missal, p. 459)

NA VERDADE, é justo e necessário, é nosso dever e salvação dar-vos graças, sempre e em todo o lugar, Senhor, Pai santo, Deus eterno e todo-poderoso. Ainda que nossos louvores não vos sejam necessários, vós nos concedeis o dom de vos louvar. Eles nada acrescentam ao que sois, mas nos aproximam de vós, por Jesus Cristo, vosso Filho e Senhor nosso. Por essa razão, os anjos do céu, as mulheres e os homens da terra, unidos a todas as criaturas, proclamamos, jubilosos, vossa glória, cantando (dizendo) a uma só voz:

(Comum V — Missal, p. 460)
NA VERDADE, é justo e necessário, é nosso dever e salvação dar-vos graças, sempre e em todo o lugar, Senhor, Pai santo, Deus eterno e todo-poderoso, por Cristo, Senhor nosso. Unidos na caridade, celebramos a morte do vosso Filho, proclamamos com fé a sua ressurreição e aguardamos, com firme esperança, a sua vinda gloriosa, no fim dos tempos. Enquanto a multidão dos anjos e dos santos se alegra eternamente na vossa presença, nós nos associamos aos seus louvores, cantando (dizendo) a uma só voz:

(Comum VI — Missal, p. 461)
NA VERDADE, é justo e necessário, é nosso dever e salvação dar-vos graças, sempre e em todo o lugar, Senhor, Pai santo, Deus eterno e todo-poderoso, por Cristo, Senhor nosso. Ele é a vossa palavra viva, pela qual tudo criastes. Ele é o nosso Salvador e Redentor, verdadeiro homem, concebido do Espírito Santo e nascido da Virgem Maria. Ele, para cumprir a vossa vontade e reunir um povo santo em vosso louvor, estendeu os braços, na hora da sua paixão, a fim de vencer a morte e manifestar a ressurreição. Por ele, os anjos celebram vossa grandeza e os santos proclamam vossa glória. Concedei-nos também a nós associar-nos a seus louvores, cantando (dizendo) a uma só voz:

(Apóstolos I — Missal, p. 449)
NA VERDADE, é justo e necessário, é nosso dever e salvação dar-vos graças, sempre e em todo lugar, Senhor, Pai santo, Deus todo-poderoso e cheio de bondade. Pastor eterno, vós não abandonais o rebanho, mas o guardais constantemente pela proteção dos Apóstolos. E assim a Igreja é conduzida pelos mesmos pastores

que pusestes à sua frente como representantes de vosso Filho, Jesus Cristo, Senhor nosso. Por ele, os anjos celebram vossa grandeza e os santos proclamam vossa glória. Concedei-nos também a nós associar-nos a seus louvores, cantando (dizendo) a uma só voz:

(Apóstolos II — Missal, p. 450)

NA VERDADE, é justo e necessário, é nosso dever e salvação dar-vos graças, sempre e em todo o lugar, Senhor, Pai santo, Deus eterno e todo-poderoso, por Cristo, Senhor nosso. Vós constituístes a vossa Igreja sobre o alicerce dos Apóstolos, para que ela fosse, no mundo, um sinal vivo de vossa santidade e anunciasse a todo o mundo o Evangelho da salvação. Por essa razão, os anjos do céu, as mulheres e os homens da terra, unidos a todas as criaturas, proclamamos jubilosos vossa glória; cantando (dizendo) a uma só voz:

(Virgem Maria I — Missal, p. 445)

NA VERDADE, é justo e necessário, é nosso dever e salvação dar-vos graças, sempre e em todo o lugar, Senhor, Pai santo, Deus eterno e todo-poderoso, e na festa (...) de Maria, sempre Virgem, celebrar os vossos louvores. À sombra do Espírito Santo, ela concebeu o vosso Filho único e, permanecendo virgem, deu ao mundo a luz eterna, Jesus Cristo, Senhor nosso. Por ele, os anjos cantam a vossa grandeza, os santos proclamam vossa glória. Concedei-nos também a nós associar-nos a seus louvores, cantando (dizendo) a uma só voz:

(Virgem Maria II — Missal, p. 446)

NA VERDADE, é justo e necessário, é nosso dever e salvação dar-vos graças, sempre e em todo o lugar, proclamando as vossas maravilhas na perfeição de todos os santos. Celebrando a memória da Virgem Maria, proclamamos ainda mais a vossa bondade, inspirando-nos no mesmo hino que ela cantou em vosso louvor. Na verdade, fizestes grandes coisas por toda a terra e estendestes a vossa misericórdia a todas as gerações, quando, olhando a humildade de vossa Serva, nos destes, por ela, o Salvador da humanidade, vosso Filho, Jesus Cristo, Senhor nosso. Por ele, a multidão dos anjos e dos santos se alegra eternamente na vossa presença, cantando (dizendo) a uma só voz:

(Virgem Maria — Modelo e Mãe da Igreja – Missal, p. 953)
NA VERDADE, é justo e necessário, é nosso dever e salvação dar-vos graças, sempre e em todo o lugar, Senhor, Pai santo, Deus eterno e todo-poderoso, e na celebração da santa Virgem Maria, engrandecer-vos com os devidos louvores. Acolhendo a vossa Palavra no coração sem mancha, mereceu concebê-lo no seio virginal e, ao dar à luz o Fundador, acalentou a Igreja que nascia. Recebendo aos pés da cruz o testamento da caridade divina, assumiu todos os seres humanos como filhos e filhas, renascidos para a vida eterna, pela morte de Cristo. Ao esperar com os Apóstolos o Espírito Santo, unindo suas súplicas às preces dos discípulos, tornou-se modelo da Igreja orante. Arrebatada à glória dos céus, acompanha até hoje com amor de mãe a Igreja que caminha na terra, guiando-lhe os passos para a pátria, até que venha o dia glorioso do Senhor. Portanto, com todos os anjos e santos, vos louvamos eternamente, cantando (dizendo) a uma só voz:

(Apresentação — Missal, p. 550)
NA VERDADE, é justo e necessário, é nosso dever e salvação dar-vos graças, sempre e em todo o lugar, Senhor, Pai santo, Deus eterno e todo-poderoso. Vosso Filho eterno, hoje apresentado no templo, é revelado pelo Espírito Santo como glória do vosso povo e luz de todas as nações. Por essa razão, também nós corremos ao encontro do Salvador; e, com os anjos e com todos os santos, proclamamos a vossa glória, cantando (dizendo) a uma só voz:

(Exaltação da Santa Cruz — Missal, p. 656)

NA VERDADE, é justo e necessário, é nosso dever e salvação dar-vos graças, sempre e em todo o lugar, Senhor, Pai santo, Deus eterno e todo-poderoso, por Cristo, Senhor nosso. Pusestes no lenho da Cruz a salvação da humanidade, para que a vida ressurgisse de onde a morte viera. E o que vencera na árvore do paraíso, na árvore da Cruz fosse vencido. Por essa razão, agora e sempre, nós nos unimos à multidão dos anjos e dos santos, cantando (dizendo) a uma só voz:

(Eucaristia I – Missal, p. 439)

NA VERDADE, é justo e necessário, é nosso dever e salvação dar-vos graças, sempre e em todo o lugar, Senhor, Pai santo, Deus eterno e todo-poderoso, por Cristo, Senhor nosso. Ele, verdadeiro e eterno sacerdote, oferecendo-se a vós pela nossa salvação, instituiu o Sacrifício da nova Aliança e mandou que o celebrássemos em sua memória. Sua carne, imolada por nós, é o alimento que nos fortalece. Seu sangue, por nós derramado, é a bebida que nos purifica. Por essa razão, com os anjos do céu, as mulheres e homens da terra, unidos a todas as criaturas, proclamamos, jubilosos, vossa glória, cantando (dizendo) a uma só voz:

(Eucaristia II — Missal, p. 440)

NA VERDADE, é justo e necessário, é nosso dever e salvação dar-vos graças, sempre e em todo o lugar, Senhor, Pai santo, Deus eterno e todo-poderoso, por Cristo, Senhor nosso. Reunido com os Apóstolos na última Ceia, para que a memória da Cruz salvadora permanecesse para sempre, ele se ofereceu a vós como cordeiro sem mancha e foi aceito como sacrifício de perfeito louvor. Pela comunhão neste sublime sacramento, a todos nutris e santificais. Fazeis de todos um só coração, iluminais os povos com a luz da mesma fé e congregais os cristãos na mesma caridade. Aproximamo-nos da mesa de tão grande mistério, para encontrar por vossa graça a garantia da vida eterna. Por essa razão, com os anjos e todos os santos, entoamos um cântico novo para proclamar a vossa bondade, cantando (dizendo) a uma só voz:

(Eucaristia III — Missal, p. 441)
NA VERDADE, é justo e necessário, é nosso dever e salvação dar-vos graças, bendizer-vos, Senhor, Pai santo, Deus eterno cheio de misericórdia e de paz. Vosso Filho, obediente até à morte na Cruz, nos precedeu no caminho de volta para vós, que sois o fim último de toda a esperança humana. Na Eucaristia, testamento de seu amor, ele se fez comida e bebida espirituais, que nos sustentam na caminhada para a Páscoa eterna. Com esta garantia da ressurreição final, esperamos participar do banquete de vosso Reino. Por isso, unidos aos anjos e a todos os santos, nós vos louvamos cantando (dizendo) a uma só voz:

(Pastores — Missal, p. 454)
NA VERDADE, é justo e necessário, é nosso dever e salvação dar-vos graças, sempre e em todo o lugar, Senhor, Pai santo, Deus eterno e todo-poderoso, por Cristo, Senhor nosso. Vós nos concedeis a alegria de celebrar a festa de S. N., e fortaleceis a vossa Igreja com o exemplo de sua vida, o ensinamento de sua pregação e o auxílio de suas preces. Enquanto a multidão dos anjos e dos santos se alegra eternamente na vossa presença, nós nos associamos a seus louvores, cantando (dizendo) a uma só voz:

(Santas Virgens e Religiosos – Missal, p. 455)
NA VERDADE, é justo e necessário, é nosso dever e salvação dar-vos graças, sempre e em todo o lugar, Senhor, Pai santo, Deus eterno e todo-poderoso, e celebrar a vossa admirável providência nos Santos e Santas que

se consagraram ao Cristo, vosso Filho e Senhor nosso. Neles, chamais novamente os fiéis à santidade original e a experimentar, já aqui na terra, construindo o vosso Reino, os dons reservados para o céu. Unidos à multidão dos anjos e dos santos, proclamamos a vossa bondade, cantando (dizendo) a uma só voz:

(Mártires — Missal, p. 453)

NA VERDADE, é justo e necessário, é nosso dever e salvação dar-vos graças, sempre e em todo o lugar, Senhor, Pai santo, Deus eterno e todo-poderoso. Pelo(a) mártir S. N., que confessou o vosso nome e derramou seu sangue como Cristo, manifestais vosso admirável poder. Vossa misericórdia sustenta a fragilidade humana e nos dá coragem para sermos as testemunhas de Jesus Cristo, vosso Filho e Senhor nosso. Enquanto esperamos a glória eterna, com todos os vossos anjos e santos, nós vos aclamamos, cantando (dizendo) a uma só voz:

(Santos I — Missal, p. 451)

NA VERDADE, é justo e necessário, é nosso dever e salvação dar-vos graças, sempre e em todo o lugar, Senhor, Pai santo, Deus eterno e todo-poderoso. Na assembleia dos santos, vós sois glorificado e, coroando seus méritos, exaltais vossos próprios dons. Nos vossos Santos e Santas ofereceis um exemplo para a nossa vida, a comunhão que nos une, a intercessão que nos ajuda. Assistidos por tão grandes testemunhas, possamos correr, com perseverança, no certame que nos é proposto e receber com eles a coroa imperecível, por Cristo, Senhor nosso. Enquanto esperamos a glória eterna, com os anjos e com todos os santos, nós vos aclamamos, cantando (dizendo) a uma só voz:

(Santos II — Missal, p. 452)

NA VERDADE, é justo e necessário, é nosso dever e salvação dar-vos graças, sempre e em todo o lugar, Senhor, Pai santo, Deus eterno e todo-poderoso, por

Cristo, Senhor nosso. Pelo testemunho admirável de vossos Santos e Santas, revigorais constantemente a vossa Igreja, provando vosso amor para conosco. Deles recebemos o exemplo, que nos estimula na caridade, e a intercessão fraterna, que nos ajuda a trabalhar pela realização de vosso Reino. Unidos à multidão dos anjos e dos santos, proclamamos vossa bondade, cantando (dizendo) a uma só voz:

(Coração de Jesus — Missal, p. 383)
NA VERDADE, é justo e necessário, é nosso dever e salvação dar-vos graças, sempre e em todo o lugar, Senhor, Pai santo, Deus eterno e todo-poderoso, por Cristo, Senhor nosso. Elevado na Cruz, entregou-se por nós com imenso amor. E de seu lado aberto pela lança fez jorrar, com a água e o sangue, os sacramentos da Igreja para que todos, atraídos ao seu Coração, pudessem beber, com perene alegria, na fonte salvadora. Por essa razão, agora e sempre, nós nos unimos à multidão dos anjos e dos santos, cantando (dizendo) a uma só voz:

(Penitência — Missal, p. 442)
NA VERDADE, é justo e necessário, é nosso dever e salvação dar-vos graças, sempre e em todo o lugar, Senhor, Pai santo, Deus eterno e todo-poderoso, por Cristo, Senhor nosso. Somos criaturas saídas de vossas mãos amorosas, mas naufragamos por causa do pecado. Vossa misericórdia veio em nosso socorro e, em Cristo crucificado e ressuscitado, reencontramos o porto da paz. Salvos pelas águas do Batismo, nosso louvor se enfraqueceu pelo pecado que cometemos, mas o Sacramento da Reconciliação nos convida à penitência, nos renova na santidade e nos introduz no banquete do vosso amor. Revestidos com a graça do perdão, proclamamos vossa misericórdia, e, unidos ao coro dos reconciliados, cantamos (dizemos) jubilosos, a uma só voz:

(Domingos Comuns I — Missal, p. 428)

NA VERDADE, é justo e necessário, é nosso dever e salvação dar-vos graças, sempre e em todo o lugar, Senhor, Pai santo, Deus eterno e todo-poderoso, por Cristo, vosso Filho, que, pelo mistério da sua Páscoa, realizou uma obra admirável. Por ele, vós nos chamastes das trevas à vossa luz incomparável, fazendo-nos passar do pecado e da morte à glória de sermos o vosso povo, sacerdócio régio e nação santa, para anunciar, por todo o mundo, as vossas maravilhas. Por essa razão, agora e sempre, nós nos unimos à multidão dos anjos e dos santos, cantando (dizendo) a uma só voz:

(Domingos Comuns II — Missal, p. 429)

NA VERDADE, é justo e necessário, é nosso dever e salvação dar-vos graças, sempre e em todo o lugar, Senhor, Pai santo, Deus eterno e todo-poderoso, por Cristo, Senhor nosso. Compadecendo-se da fraqueza humana, ele nasceu da Virgem Maria. Morrendo no lenho da Cruz, ele nos libertou da morte. Ressuscitando dos mortos, ele nos garantiu a vida eterna. Por ele, os anjos celebram a vossa grandeza, os santos proclamam a vossa glória. Concedei-nos também a nós associar-nos aos seus louvores, cantando (dizendo) a uma só voz:

(Domingos Comuns III — Missal, p. 430)

NA VERDADE, é justo e necessário, é nosso dever e salvação dar-vos graças, sempre e em todo o lugar, Senhor, Pai santo, Deus eterno e todo-poderoso. Nós reconhecemos ser digno da vossa imensa glória vir em socorro de todos os mortais com a vossa divindade. E servir-vos de nossa condição mortal, para nos libertar da morte e abrir-nos o caminho da salvação, por Cristo, Senhor nosso. Por ele, os anjos celebram vossa grandeza, os santos proclamam vossa glória. Concedei-nos também a nós associar-nos aos seus louvores, cantando (dizendo) a uma só voz:

(Domingos Comuns IV — Missal, p. 431)

NA VERDADE, é justo e necessário, é nosso dever e salvação dar-vos graças, sempre e em todo o lugar, Senhor, Pai santo, Deus eterno e todo-poderoso, por Cristo, Senhor nosso. Nascendo na condição humana, renovou inteiramente a humanidade. Sofrendo a paixão, apagou nossos pecados. Ressurgindo, glorioso, da morte, trouxe-nos a vida eterna. Subindo, triunfante, ao céu, abriu-nos as portas da eternidade. E, enquanto esperamos a plenitude de vosso Reino, com os anjos e com todos os santos, nós vos aclamamos, cantando (dizendo) a uma só voz:

(Domingos Comuns V — Missal, p. 432)

NA VERDADE, é justo e necessário, é nosso dever e salvação dar-vos graças, sempre e em todo o lugar, Senhor, Pai santo, Deus eterno e todo-poderoso. Vós criastes o universo e dispusestes os dias e as estações. Formastes o homem e a mulher à vossa imagem, e a eles submetestes toda a criação. Libertastes os fiéis do pecado e lhes destes o poder de vos louvar, por Cristo, Senhor nosso. Unidos à multidão dos anjos e dos santos, proclamamos vossa bondade, cantando (dizendo) a uma só voz:

(Domingos Comuns VI — Missal, p. 433)

NA VERDADE, é justo e necessário, é nosso dever e salvação dar-vos graças, sempre e em todo o lugar, Senhor, Pai santo, Deus eterno e todo-poderoso. Em vós vivemos, nos movemos e somos. E, ainda peregrinos neste mundo, não só recebemos, todos os dias, as provas de vosso amor de Pai, mas também possuímos, já agora, a garantia da vida futura. Possuindo as primícias do Espírito, por quem ressuscitastes Jesus dentre os mortos, esperamos gozar, um dia, a plenitude da Páscoa eterna. Por essa razão, com os anjos e com todos os santos, entoamos um cântico novo, para proclamar vossa bondade, cantando (dizendo) a uma só voz:

(Domingos Comuns VII — Missal, p. 434)

NA VERDADE, é justo e necessário, é nosso dever e salvação dar-vos graças, sempre e em todo o lugar, Senhor, Pai santo, Deus eterno e todo-poderoso. De tal modo amastes o mundo, que nos enviastes, como Redentor, vosso próprio Filho, em tudo semelhante a nós, exceto no pecado. Amando-o até o fim, amastes nele nossa humilde condição. E ele, na obediência até à morte, restaurou o que nossa desobediência fizera perder. Por essa razão, com os anjos e com todos os santos, entoamos um cântico novo, para proclamar a vossa bondade, cantando (dizendo) a uma só voz:

(Domingos Comuns VIII – Missal, p. 435)

NA VERDADE, é justo e necessário, é nosso dever e salvação dar-vos graças, sempre e em todo lugar, Senhor, Pai santo, Deus eterno e todo-poderoso, por Cristo, Senhor nosso. Quisestes reunir de novo, pelo sangue do vosso Filho e pela graça do Espírito Santo, os filhos dispersos pelo pecado. Vossa Igreja, reunida pela unidade da Trindade, é para o mundo o Corpo de Cristo e o Templo do Espírito Santo para a glória da vossa sabedoria. Unidos à multidão dos anjos e dos santos, proclamamos vossa bondade, cantando (dizendo) a uma só voz:

(Domingos Comuns IX – Missal, p. 436)

NA VERDADE, é justo e necessário, é nosso dever e salvação dar-vos graças e bendizer-vos, Senhor, Pai santo, fonte da verdade e da vida, porque, neste domingo festivo, nos acolhestes em vossa casa. Hoje, vossa família, para escutar vossa Palavra e repartir o Pão consagrado, recorda a Ressurreição do Senhor, na esperança de ver o dia sem ocaso, quando a humanidade inteira repousará junto de vós. Então, contemplaremos vossa face e louvaremos sem fim vossa misericórdia. Por isso, cheios de alegria e esperança, unimo-nos aos anjos e a todos os santos, cantando (dizendo) a uma só voz:

(Defuntos I — Missal, p. 462)
NA VERDADE, é justo e necessário, é nosso dever e salvação dar-vos graças, sempre e em todo o lugar, Senhor, Pai santo, Deus eterno e todo-poderoso, por Cristo, Senhor nosso. Nele brilhou para nós a esperança da feliz ressurreição. E, aos que a certeza da morte entristece, a promessa da imortalidade consola. Senhor, para os que creem em vós, a vida não é tirada, mas transformada. E, desfeito o nosso corpo mortal, nos é dado, nos céus, um corpo imperecível. E, enquanto esperamos a realização de vossas promessas, com os anjos e com todos os santos, nós vos aclamamos, cantando (dizendo) a uma só voz:

(Fiéis Defuntos II — Missal, p. 463)
NA VERDADE, é justo e necessário, é nosso dever e salvação dar-vos graças, sempre e em todo o lugar, Senhor, Pai santo, Deus eterno e todo-poderoso, por vosso Filho, Senhor nosso. Um por todos, ele aceitou morrer na cruz para nos livrar a todos da morte. Entregou de boa vontade sua vida, para que pudéssemos viver eternamente. Por isso, com os anjos e todos os santos, nós vos aclamamos, cantando (dizendo) a uma só voz:

(Fiéis Defuntos III — Missal, p. 464)
NA VERDADE, é justo e necessário, é nosso dever e salvação dar-vos graças, sempre e em todo o lugar, Senhor, Pai santo, Deus eterno e todo-poderoso, por Cristo, Senhor nosso. Ele é a salvação do mundo. Ele é a vida dos homens e das mulheres. Ele é a ressurreição dos mortos. Enquanto esperamos a glória celeste, com os anjos e todos os santos, em eterna alegria, nós vos aclamamos, cantando (dizendo) a uma só voz:

(Fiéis Defuntos IV — Missal, p. 465)
NA VERDADE, é justo e necessário, é nosso dever e salvação dar-vos graças, sempre e em todo o lugar, Se-

nhor, Pai santo, Deus eterno e todo-poderoso. Por vossa ordem, nós nascemos; por vossa vontade, somos governados; e, por vossa sentença, retomamos à terra por causa do pecado. Mas, salvos pela morte de vosso Filho, ao vosso chamado despertaremos para a ressurreição. E, enquanto esperamos a glória eterna, com os anjos e todos os santos, vos aclamamos, cantando (dizendo) a uma só voz:

(Fiéis Defuntos V — Missal, p. 466)
NA VERDADE, é justo e necessário, é nosso dever e salvação dar-vos graças, sempre e em todo o lugar, Senhor, Pai santo, Deus eterno e todo-poderoso. Por nossa culpa, somos condenados a morrer; mas, quando a morte nos atinge, vosso amor de Pai nos salva. Redimidos pela morte de vosso Filho, participamos de sua ressurreição. E, enquanto esperamos a plenitude do Reino dos céus, com os anjos e com todos os santos, nós vos aclamamos, cantando (dizendo) a uma só voz:

ORAÇÕES
EUCARÍSTICAS

ORAÇÃO EUCARÍSTICA I

(Missal, p. 469)

— O Senhor esteja convosco.
— **Ele está no meio de nós.**
— Corações ao alto.
— **O nosso coração está em Deus.**
— Demos graças ao Senhor, nosso Deus.
— **É nosso dever e nossa salvação.**

PAI DE MISERICÓRDIA, a quem sobem nossos louvores, nós vos pedimos por Jesus Cristo, vosso Filho e Senhor nosso, que abençoeis † estas oferendas apresentadas ao vosso altar.
— **Abençoai nossa oferenda, ó Senhor!**

NÓS AS OFERECEMOS pela vossa Igreja santa e católica: concedei-lhe paz e proteção, unindo-a num só corpo e governando-a por toda a terra. Nós as oferecemos também pelo vosso servo o papa N., por nosso bispo N., e por todos os que guardam a fé que receberam dos apóstolos.
— **Conservai a vossa Igreja sempre unida!**

LEMBRAI-VOS, ó Pai, dos vossos filhos e filhas N. N. e de todos os que circundam este altar, dos quais conheceis a fidelidade e a dedicação em vos servir. Eles vos oferecem conosco este sacrifício de louvor por si e por todos os seus, e elevam a vós as suas preces para alcançar o perdão de suas faltas, a segurança em suas vidas e a salvação que esperam.
— **Lembrai-vos, ó Pai, de vossos filhos!**

EM COMUNHÃO com toda a Igreja, veneramos a sempre Virgem Maria, Mãe de nosso Deus e Senhor Jesus Cristo; e também São José, esposo de Maria, os santos Apóstolos e Mártires: Pedro e Paulo, André, (Tiago e João, Tomé, Tiago e Filipe, Bartolomeu e Mateus, Simão e Tadeu, Lino, Cleto, Clemente, Sisto, Cornélio e Cipriano, Lourenço e Crisógono, João e Paulo, Cosme e

Damião), e todos os vossos Santos. Por seus méritos e preces concedei-nos sem cessar a vossa proteção. (Por Cristo, Senhor nosso. Amém).

— **Em comunhão com toda a Igreja aqui estamos!**

"COMUNICANTES" PRÓPRIOS

No Natal e Oitava

Em comunhão com toda a Igreja celebramos o dia santo (a noite santa) em que a Virgem Maria deu ao mundo o Salvador. Veneramos também a mesma Virgem Maria e seu esposo São José. *

Na Epifania do Senhor

Em comunhão com toda a Igreja celebramos o dia santo em que vosso Filho único, convosco eterno em vossa glória, manifestou-se visivelmente em nossa carne. Veneramos também a mesma Virgem Maria e seu esposo São José. *

Da Vigília Pascal até o 2º Domingo da Páscoa

Em comunhão com toda a Igreja celebramos o dia santo (a noite santa) da ressurreição de nosso Senhor Jesus Cristo. Veneramos também a mesma Virgem Maria e seu esposo São José. *

Na Ascensão do Senhor

Em comunhão com toda a Igreja celebramos o dia santo em que vosso Filho único elevou à glória da vossa direita a fragilidade de nossa carne. Veneramos também a mesma Virgem Maria e seu esposo São José. *

Em Pentecostes

Em comunhão com toda a Igreja celebramos o dia santo de Pentecostes em que o Espírito Santo em línguas de fogo manifestou-se aos Apóstolos. Ve-

neramos também a Virgem Maria e seu esposo São
José. *

O sacerdote, com os braços abertos, continua:

RECEBEI, ó Pai, com bondade, a oferenda dos vossos
servos e de toda a vossa família; dai-nos sempre a vossa paz, livrai-nos da condenação e acolhei-nos entre os
vossos eleitos.
(Por Cristo, Senhor nosso. Amém).

Da Vigília Pascal ao 2º Domingo da Páscoa

Recebei, ó Pai, com bondade, a oferenda dos vossos servos e de toda a vossa família. Nós a oferecemos
também por aqueles que fizestes renascer pela água
e pelo Espírito Santo, dando-lhes o perdão de todos
os pecados. Dai-nos sempre a vossa paz, livrai-nos
da condenação eterna e acolhei-nos entre os vossos
eleitos.
(Por Cristo, Senhor nosso. Amém).

Estendendo as mãos sobre as oferendas, diz:

DIGNAI-VOS, ó Pai, aceitar e santificar estas oferendas, a fim de que se tornem para nós o Corpo e o Sangue
de Jesus Cristo, vosso Filho e Senhor nosso.
— **Santificai nossa oferenda, ó Senhor!**
NA NOITE em que ia ser entregue, ele tomou o pão
em suas mãos, elevou os olhos a vós, ó Pai, deu graças e
o partiu e deu a seus discípulos, dizendo:
TOMAI, TODOS, E COMEI: ISTO É O MEU CORPO,
QUE SERÁ ENTREGUE POR VÓS.
Do mesmo modo, ao fim da ceia, ele tomou o cálice
em suas mãos, deu graças novamente e o deu a seus dis-
cípulos, dizendo:
TOMAI, TODOS, E BEBEI: ESTE É O CÁLICE DO
MEU SANGUE, O SANGUE DA NOVA E ETERNA
ALIANÇA, QUE SERÁ DERRAMADO POR VÓS E POR
TODOS, PARA REMISSÃO DOS PECADOS. FAZEI
ISTO EM MEMÓRIA DE MIM.

Eis o mistério da fé!

— Anunciamos, Senhor, a vossa morte e proclamamos a vossa ressurreição. Vinde, Senhor Jesus!

Ou

— Todas as vezes que comemos deste pão e bebemos deste cálice, anunciamos, Senhor, a vossa morte enquanto esperamos a vossa vinda!

Ou

— Salvador do mundo, salvai-nos, vós que nos libertastes pela cruz e ressurreição!

CELEBRANDO, pois, a memória da paixão do vosso Filho, da sua ressurreição dentre os mortos e gloriosa ascensão aos céus, nós, vossos servos, e também vosso povo santo, vos oferecemos, ó Pai, dentre os bens que nos destes, o sacrifício perfeito e santo, pão da vida eterna e cálice da salvação.

— Recebei, ó Senhor, a nossa oferta!

RECEBEI, ó Pai, esta oferenda, como recebestes a oferta de Abel, o sacrifício de Abraão e os dons de Melquisedec. Nós vos suplicamos que ela seja levada à vossa presença, para que, ao participarmos deste altar, recebendo o Corpo e o Sangue de vosso Filho, sejamos repletos de todas as graças e bênçãos do céu. (Por Cristo, Senhor nosso. Amém).

— Recebei, ó Senhor, a nossa oferta!

LEMBRAI-VOS, ó Pai, dos vossos filhos e filhas N. N. que partiram desta vida, marcados com o sinal da fé. A eles, e a todos os que adormeceram no Cristo, concedei a felicidade, a luz e a paz. (Por Cristo, Senhor nosso. Amém).

— Lembrai-vos, ó Pai, dos vossos filhos!

E A TODOS NÓS PECADORES, que confiamos na vossa imensa misericórdia, concedei, não por nossos méritos, mas por vossa bondade, o convívio dos Apóstolos e Mártires: João Batista e Estêvão, Matias e Barnabé, (Inácio, Alexandre, Marcelino e Pedro;

Felicidade e Perpétua, Águeda e Luzia, Inês, Cecília, Anastácia) e todos os vossos santos. Por Cristo, Senhor nosso.

— Concedei-nos o convívio dos eleitos!

POR ELE não cessais de criar e santificar estes bens e distribuí-los entre nós.

POR CRISTO, com Cristo, em Cristo, a vós, Deus Pai todo-poderoso, na unidade do Espírito Santo, toda a honra e toda a glória, agora e para sempre.

— Amém.

ORAÇÃO EUCARÍSTICA II

(Missal, p. 477)

— O Senhor esteja convosco.
— Ele está no meio de nós.
— Corações ao alto.
— O nosso coração está em Deus.
— Demos graças ao Senhor, nosso Deus.
— É nosso dever e nossa salvação.

NA VERDADE, é justo e necessário, é nosso dever e salvação dar-vos graças, sempre e em todo o lugar, Senhor, Pai Santo, Deus eterno e todo-poderoso, por Cristo, Senhor nosso. Ele é a vossa palavra viva, pela qual tudo criastes. Ele é o nosso Salvador e Redentor, verdadeiro homem, concebido do Espírito Santo e nascido da Virgem Maria. Ele, para cumprir a vossa vontade, e reunir um povo santo em vosso louvor, estendeu os braços na hora da sua paixão, a fim de vencer a morte e manifestar a ressurreição. Por ele, os anjos celebram vossa grandeza e os santos proclamam vossa glória. Concedei-nos também a nós associar-nos a seus louvores, cantando (dizendo) a uma só voz:
— Santo, Santo, Santo, Senhor, Deus do universo! O céu e a terra proclamam a vossa glória. Hosana nas alturas! Bendito o que vem em nome do Senhor! Hosana nas alturas!
NA VERDADE, ó Pai, vós sois santo e fonte de toda santidade. Santificai, pois, estas oferendas, derramando sobre elas o vosso Espírito, a fim de que se tornem para nós o Corpo e † o Sangue de Jesus Cristo, vosso Filho e Senhor nosso.
— Santificai nossa oferenda, ó Senhor!
ESTANDO para ser entregue e abraçando livremente a paixão, ele tomou o pão, deu graças, e o partiu e deu a seus discípulos, dizendo:
TOMAI, TODOS, E COMEI: ISTO É O MEU CORPO, QUE SERÁ ENTREGUE POR VÓS.

Do mesmo modo, ao fim da ceia, ele tomou o cálice em suas mãos, deu graças novamente, e o deu a seus discípulos, dizendo:

TOMAI, TODOS, E BEBEI: ESTE É O CÁLICE DO MEU SANGUE, O SANGUE DA NOVA E ETERNA ALIANÇA, QUE SERÁ DERRAMADO POR VÓS E POR TODOS, PARA REMISSÃO DOS PECADOS. FAZEI ISTO EM MEMÓRIA DE MIM.

Eis o mistério da fé!

— Anunciamos, Senhor, a vossa morte e proclamamos a vossa ressurreição. Vinde, Senhor Jesus!

Ou

— Todas as vezes que comemos deste pão e bebemos deste cálice, anunciamos, Senhor, a vossa morte enquanto esperamos a vossa vinda!

Ou

— Salvador do mundo, salvai-nos, vós que nos libertastes pela cruz e ressurreição!

CELEBRANDO, pois, a memória da morte e ressurreição do vosso Filho, nós vos oferecemos, ó Pai, o pão da vida e o cálice da salvação; e vos agradecemos porque nos tornastes dignos de estar aqui na vossa presença e vos servir.

— Recebei, ó Senhor, a nossa oferta!

E NÓS vos suplicamos que, participando do Corpo e Sangue de Cristo, sejamos reunidos pelo Espírito Santo num só corpo.

— Fazei de nós um só corpo e um só espírito.

LEMBRAI-VOS, ó Pai, da vossa Igreja que se faz presente pelo mundo inteiro: que ela cresça na caridade, com o papa N., com o nosso bispo N. e todos os ministros do vosso povo.

— Lembrai-vos, ó Pai, da vossa Igreja!

Nas missas pelos fiéis defuntos pode-se acrescentar:

Lembrai-vos do vosso filho (da vossa filha) N., que (hoje) chamastes deste mundo à vossa presença. Concedei-lhe que, tendo participado da morte de Cristo pelo batismo, participe igualmente da sua ressurreição.

— **Concedei-lhe contemplar a vossa face!**

LEMBRAI-VOS também dos (outros) nossos irmãos e irmãs que morreram na esperança da ressurreição e de todos os que partiram desta vida: acolhei-os junto a vós na luz da vossa face.

— **Lembrai-vos, ó Pai, dos vossos filhos!**

ENFIM, nós vos pedimos, tende piedade de todos nós e dai-nos participar da vida eterna, com a Virgem Maria, Mãe de Deus, com São José, seu esposo, com os santos Apóstolos e todos os que neste mundo vos serviram, a fim de vos louvarmos e glorificarmos, por Jesus Cristo, vosso Filho.

— **Concedei-nos o convívio dos eleitos!**

POR CRISTO, com Cristo, em Cristo, a vós, Deus Pai todo-poderoso, na unidade do Espírito Santo, toda a honra e toda a glória, agora e para sempre.

— **Amém.**

ORAÇÃO EUCARÍSTICA III

(Missal, p. 482)

— O Senhor esteja convosco.
— Ele está no meio de nós.
— Corações ao alto.
— O nosso coração está em Deus.
— Demos graças ao Senhor, nosso Deus.
— É nosso dever e nossa salvação.

NA VERDADE, vós sois santo, ó Deus do universo, e tudo o que criastes proclama o vosso louvor, porque, por Jesus Cristo, vosso Filho e Senhor nosso, e pela força do Espírito Santo, dais vida e santidade a todas as coisas e não cessais de reunir o vosso povo, para que vos ofereça em toda parte, do nascer ao pôr do sol, um sacrifício perfeito.

— Santificai e reuni o vosso povo!

POR ISSO, nós vos suplicamos: santificai pelo Espírito Santo as oferendas que vos apresentamos para serem consagradas, a fim de que se tornem o Corpo e † o Sangue de Jesus Cristo, vosso Filho e Senhor nosso, que nos mandou celebrar este mistério.

— Santificai nossa oferenda, ó Senhor!

NA NOITE em que ia ser entregue, ele tomou o pão, deu graças, e o partiu e deu a seus discípulos, dizendo:

TOMAI, TODOS, E COMEI: ISTO É O MEU CORPO, QUE SERÁ ENTREGUE POR VÓS.

Do mesmo modo, ao fim da ceia, ele tomou o cálice em suas mãos, deu graças novamente, e o deu a seus discípulos, dizendo:

TOMAI, TODOS, E BEBEI: ESTE É O CÁLICE DO MEU SANGUE, O SANGUE DA NOVA E ETERNA ALIANÇA, QUE SERÁ DERRAMADO POR VÓS E POR TODOS, PARA REMISSÃO DOS PECADOS. FAZEI ISTO EM MEMÓRIA DE MIM.

Eis o mistério da fé!

— Anunciamos, Senhor, a vossa morte e proclamamos a vossa ressurreição. Vinde, Senhor Jesus!

Ou

— **Todas as vezes que comemos deste pão e bebemos deste cálice, anunciamos, Senhor, a vossa morte enquanto esperamos a vossa vinda!**

Ou

— **Salvador do mundo, salvai-nos, vós que nos libertastes pela cruz e ressurreição!**

CELEBRANDO agora, ó Pai, a memória do vosso Filho, da sua paixão que nos salva, da sua gloriosa ressurreição e da sua ascensão ao céu, e enquanto esperamos a sua nova vinda, nós vos oferecemos em ação de graças este sacrifício de vida e santidade.

— **Recebei, ó Senhor, a nossa oferta!**

OLHAI com bondade a oferenda da vossa Igreja, reconhecei o sacrifício que nos reconcilia convosco e concedei que, alimentando-nos com o Corpo e o Sangue do vosso Filho, sejamos repletos do Espírito Santo e nos tornemos em Cristo um só corpo e um só espírito.

— **Fazei de nós um só corpo e um só espírito!**

QUE ELE FAÇA de nós uma oferenda perfeita para alcançarmos a vida eterna com os vossos santos: a Virgem Maria, Mãe de Deus, São José, seu esposo, os vossos Apóstolos e Mártires, N. (o santo do dia ou o padroeiro) e todos os santos, que não cessam de interceder por nós na vossa presença.

— **Fazei de nós uma perfeita oferenda!**

E AGORA, nós vos suplicamos, ó Pai, que este sacrifício da nossa reconciliação estenda a paz e a salvação ao mundo inteiro. Confirmai na fé e na caridade a vossa Igreja, enquanto caminha neste mundo: o vosso servo o papa N., o nosso bispo N., com os bispos do mundo inteiro, o clero e todo o povo que conquistastes.

— **Lembrai-vos, ó Pai, da vossa Igreja!**

ATENDEI às preces da vossa família, que está aqui, na vossa presença. Reuni em vós, Pai de misericórdia, todos os vossos filhos e filhas dispersos pelo mundo inteiro.

— Lembrai-vos, ó Pai, dos vossos filhos!

ACOLHEI com bondade no vosso reino os nossos irmãos e irmãs que partiram desta vida e todos os que morreram na vossa amizade. Unidos a eles, esperamos também nós saciar-nos eternamente da vossa glória, por Cristo, Senhor nosso.

— A todos saciai com vossa glória!

Por ele dais ao mundo todo bem e toda graça.

POR CRISTO, com Cristo, em Cristo, a vós, Deus Pai todo-poderoso, na unidade do Espírito Santo, toda a honra e toda a glória, agora e para sempre.

— Amém.

Nas missas pelos fiéis defuntos pode-se acrescentar:

Lembrai-vos do vosso filho (da vossa filha) N., que (hoje) chamastes deste mundo à vossa presença. Concedei-lhe que, tendo participado da morte de Cristo pelo batismo, participe igualmente da sua ressurreição, no dia em que ele ressuscitar os mortos, tornando o nosso pobre corpo semelhante ao seu corpo glorioso.

— Concedei-lhe a graça de contemplar a vossa face!

ACOLHEI com bondade no vosso reino os nossos irmãos e irmãs que partiram desta vida e todos os que morreram na vossa amizade. Unidos a eles, esperamos também nós saciar-nos eternamente da vossa glória, quando enxugardes toda lágrima dos nossos olhos. Então, contemplando-vos como sois, seremos para sempre semelhantes a vós e cantaremos sem cessar os vossos louvores. Por Cristo, Senhor nosso.

— A todos saciai com vossa glória!

Por ele dais ao mundo todo bem e toda graça.

POR CRISTO, com Cristo, em Cristo, a vós, Deus Pai todo-poderoso, na unidade do Espírito Santo, toda a honra e toda a glória, agora e para sempre.

— Amém.

ORAÇÃO EUCARÍSTICA IV

(Missal, p. 488)

— O Senhor esteja convosco.
— **Ele está no meio de nós.**
— Corações ao alto.
— **O nosso coração está em Deus.**
— Demos graças ao Senhor, nosso Deus.
— **É nosso dever e nossa salvação.**

NA VERDADE, ó Pai, é nosso dever dar-vos graças, é nossa salvação dar-vos glória: só vós sois o Deus vivo e verdadeiro que existis antes de todo o tempo e permaneceis para sempre, habitando em luz inacessível. Mas, porque sois o Deus de bondade e a fonte da vida, fizestes todas as coisas para cobrir de bênçãos as vossas criaturas e a muitos alegrar com a vossa luz.
— **Alegrai-nos, ó Pai, com a vossa luz!**

EIS, pois, diante de vós todos os anjos que vos servem e glorificam sem cessar, contemplando a vossa glória. Com eles, também nós, e, por nossa voz, tudo o que criastes, celebramos o vosso nome, cantando (dizendo) a uma só voz:
— **Santo, Santo, Santo, Senhor, Deus do universo! O céu e a terra proclamam a vossa glória. Hosana nas alturas! Bendito o que vem em nome do Senhor! Hosana nas alturas!**

NÓS PROCLAMAMOS a vossa grandeza, Pai santo, a sabedoria e o amor com que fizestes todas as coisas: criastes o homem e a mulher à vossa imagem e lhes confiastes todo o universo, para que, servindo a vós, seu Criador, dominassem toda criatura. E quando pela desobediência perderam a vossa amizade, não os abandonastes ao poder da morte, mas a todos socorrestes com bondade, para que, ao procurar-vos, vos pudessem encontrar.
— **Socorrei, com bondade, os que vos buscam!**

E, AINDA MAIS, oferecestes muitas vezes aliança aos homens e às mulheres e os instruístes pelos profetas na esperança da salvação. E de tal modo, Pai santo, amastes o mundo que, chegada a plenitude dos tempos, nos enviastes vosso próprio Filho para ser o nosso Salvador.

— Por amor nos enviastes vosso Filho!

VERDADEIRO HOMEM, concebido do Espírito Santo e nascido da Virgem Maria, viveu em tudo a condição humana, menos o pecado, anunciou aos pobres a salvação, aos oprimidos, a liberdade, aos tristes, a alegria. E para realizar o vosso plano de amor, entregou-se à morte e, ressuscitando dos mortos, venceu a morte e renovou a vida.

— Jesus Cristo deu-nos vida por sua morte!

E, A FIM de não mais vivermos para nós, mas para ele, que por nós morreu e ressuscitou, enviou de vós, ó Pai, o Espírito Santo, como primeiro dom aos vossos fiéis para santificar todas as coisas, levando à plenitude a sua obra.

— Santificai-nos pelo dom do vosso Espírito!

POR ISSO, nós vos pedimos que o mesmo Espírito Santo santifique estas oferendas, a fim de que se tornem o Corpo e † o Sangue de Jesus Cristo, vosso Filho e Senhor nosso, para celebrarmos este grande mistério que ele nos deixou em sinal da eterna aliança.

— Santificai nossa oferenda pelo Espírito!

QUANDO, POIS, chegou a hora, em que por vós, ó Pai, ia ser glorificado, tendo amado os seus que estavam no mundo, amou-os até o fim. Enquanto ceavam, ele tomou o pão, deu graças e o partiu e deu a seus discípulos, dizendo:

TOMAI, TODOS, E COMEI: ISTO É O MEU CORPO, QUE SERÁ ENTREGUE POR VÓS.

Do mesmo modo, ele tomou em suas mãos o cálice com vinho, deu graças novamente, e o deu a seus discípulos, dizendo:

TOMAI, TODOS, E BEBEI: ESTE É O CÁLICE DO MEU SANGUE, O SANGUE DA NOVA E ETERNA ALIANÇA, QUE SERÁ DERRAMADO POR VÓS E POR TODOS, PARA REMISSÃO DOS PECADOS. FAZEI ISTO EM MEMÓRIA DE MIM.

Eis o mistério da fé!

— Anunciamos, Senhor, a vossa morte e proclamamos a vossa ressurreição. Vinde, Senhor Jesus!

Ou

— Todas as vezes que comemos deste pão e bebemos deste cálice, anunciamos, Senhor, a vossa morte enquanto esperamos a vossa vinda!

Ou

— Salvador do mundo, salvai-nos, vós que nos libertastes pela cruz e ressurreição!

CELEBRANDO, agora, ó Pai, a memória da nossa redenção, anunciamos a morte de Cristo e sua descida entre os mortos, proclamamos a sua ressurreição e ascensão à vossa direita, e, esperando a sua vinda gloriosa, nós vos oferecemos o seu Corpo e Sangue, sacrifício do vosso agrado e salvação do mundo inteiro.

— Recebei, ó Senhor, a nossa oferta!

OLHAI, com bondade, o sacrifício que destes à vossa Igreja e concedei aos que vamos participar do mesmo pão e do mesmo cálice que, reunidos pelo Espírito Santo num só corpo, nos tornemos em Cristo um sacrifício vivo para o louvor da vossa glória.

— Fazei de nós um sacrifício de louvor!

E AGORA, ó Pai, lembrai-vos de todos pelos quais vos oferecemos este sacrifício: o vosso servo o papa N., o nosso Bispo N., os Bispos do mundo inteiro, os presbíteros e todos os ministros, os fiéis que, em torno deste altar, vos oferecem este sacrifício, o povo que vos pertence e todos aqueles que vos procuram de coração sincero.

— Lembrai-vos, ó Pai, dos vossos filhos!

LEMBRAI-VOS também dos que morreram na paz do vosso Cristo e de todos os mortos dos quais só vós conhecestes a fé.

— **A todos saciai com vossa glória!**

E A TODOS NÓS, vossos filhos e filhas, concedei, ó Pai de bondade, que, com a Virgem Maria, Mãe de Deus, com São José, seu esposo, com os vossos santos Apóstolos e todos os Santos, possamos alcançar a herança eterna no vosso reino, onde, com todas as criaturas, libertas da corrupção do pecado e da morte, vos glorificaremos. Por Cristo, Senhor nosso.

— **Concedei-nos o convívio dos eleitos!**

POR ELE dais ao mundo todo bem e toda graça.

POR CRISTO, com Cristo, em Cristo, a vós, Deus Pai todo-poderoso, na unidade do Espírito Santo, toda a honra e toda a glória, agora e para sempre.

— **Amém.**

ORAÇÃO EUCARÍSTICA V

(Missal, p. 495)

— O Senhor esteja convosco.
— **Ele está no meio de nós.**
— Corações ao alto.
— **O nosso coração está em Deus.**
— Demos graças ao Senhor, nosso Deus.
— **É nosso dever e nossa salvação.**

É JUSTO e nos faz todos ser mais santos louvar a vós, ó Pai, no mundo inteiro, de dia e de noite, agradecendo com Cristo, vosso Filho, nosso irmão. É ele o sacerdote verdadeiro que sempre se oferece por nós todos, mandando que se faça a mesma coisa que fez naquela ceia derradeira. Por isso, aqui estamos bem unidos, louvando e agradecendo com alegria, juntando a nossa voz à voz dos anjos e à voz dos santos todos, para cantar (dizer):

— **Santo, Santo, Santo, Senhor, Deus do universo! O céu e a terra proclamam a vossa glória. Hosana nas alturas! Bendito o que vem em nome do Senhor! Hosana nas alturas!**

SENHOR, vós, que sempre quisestes ficar muito perto de nós, vivendo conosco no Cristo, falando conosco por ele, mandai vosso Espírito Santo, a fim de que as nossas ofertas se mudem no Corpo e no Sangue de nosso Senhor Jesus Cristo.

— **Mandai vosso Espírito Santo!**

NA NOITE em que ia ser entregue, ceando com seus apóstolos, Jesus, tendo o pão em suas mãos, olhou para o céu e deu graças, partiu o pão e o entregou a seus discípulos, dizendo:

TOMAI, TODOS, E COMEI: ISTO É O MEU CORPO, QUE SERÁ ENTREGUE POR VÓS.

Do mesmo modo, no fim da ceia, tomou o cálice em suas mãos, deu graças novamente e o entregou a seus discípulos, dizendo:

TOMAI, TODOS, E BEBEI: ESTE É O CÁLICE DO MEU SANGUE, O SANGUE DA NOVA E ETERNA ALIANÇA, QUE SERÁ DERRAMADO POR VÓS E POR TODOS, PARA REMISSÃO DOS PECADOS. FAZEI ISTO EM MEMÓRIA DE MIM.

Tudo isto é mistério da fé!

— Toda vez que se come deste Pão, toda vez que se bebe deste Vinho, se recorda a paixão de Jesus Cristo e se fica esperando a sua volta.

RECORDAMOS, ó Pai, neste momento, a paixão de Jesus, nosso Senhor, sua ressurreição e ascensão; nós queremos a vós oferecer este Pão que alimenta e que dá vida, este Vinho que nos salva e dá coragem.

— Recebei, ó Senhor, a nossa oferta!

E QUANDO recebermos Pão e Vinho, o Corpo e Sangue dele oferecidos, o Espírito nos una num só corpo, para sermos um só povo em seu amor.

— O Espírito nos una num só corpo!

PROTEGEI vossa Igreja que caminha nas estradas do mundo rumo ao céu, cada dia renovando a esperança de chegar junto a vós, na vossa paz.

— Caminhamos na estrada de Jesus!

DAI ao santo Padre, o Papa N., ser bem firme na Fé, na Caridade, e a N., que é Bispo desta Igreja, muita luz para guiar o seu rebanho.

— Caminhamos na estrada de Jesus!

ESPERAMOS entrar na vida eterna com a Virgem, Mãe de Deus e da Igreja, os apóstolos e todos os santos que na vida souberam amar Cristo e seus irmãos.

— Esperamos entrar na vida eterna!

A TODOS que chamastes para outra vida, na vossa amizade, e aos marcados com o sinal da fé, abrindo vossos braços, acolhei-os. Que vivam para sempre bem felizes no reino que para todos preparastes.

— A todos dai a luz que não se apaga!

E A NÓS, que agora estamos reunidos e somos povo santo e pecador, dai força para construirmos juntos o vosso reino que também é nosso.

POR CRISTO, com Cristo, em Cristo, a vós, Deus Pai todo-poderoso, na unidade do Espírito Santo, toda a honra e toda a glória, agora e para sempre.

— **Amém.**

ORAÇÃO EUCARÍSTICA VI – A

(Missal, p. 842)

A Igreja a caminho da unidade

— O Senhor esteja convosco.
— **Ele está no meio de nós.**
— Corações ao alto.
— **O nosso coração está em Deus.**
— Demos graças ao Senhor, nosso Deus.
— **É nosso dever e nossa salvação.**

NA VERDADE, é justo e necessário, é nosso dever e salvação dar-vos graças e cantar-vos um hino de glória e louvor, Senhor, Pai de infinita bondade. Pela palavra do Evangelho do vosso Filho reunistes uma só Igreja de todos os povos, línguas e nações. Vivificada pela força do vosso Espírito, não deixais, por meio dela, de congregar na unidade todos os seres humanos. Assim, manifestando a aliança do vosso amor, a Igreja transmite constantemente a alegre esperança do vosso reino e brilha como sinal da vossa fidelidade que prometestes para sempre em Jesus Cristo, Senhor nosso. Por esta razão, com todas as virtudes do céu, nós vos celebramos na terra, cantando (dizendo) com toda a Igreja a uma só voz:
— **Santo, Santo, Santo, Senhor, Deus do universo! O céu e a terra proclamam a vossa glória. Hosana nas alturas! Bendito o que vem em nome do Senhor! Hosana nas alturas!**

NA VERDADE, vós sois santo e digno de louvor, ó Deus, que amais os seres humanos e sempre os assistis no caminho da vida. Na verdade, é bendito o vosso Filho, presente no meio de nós, quando nos reunimos por seu amor. Como outrora aos discípulos, ele nos revela as Escrituras e parte o pão para nós.
— **O vosso Filho permaneça entre nós!**

NÓS VOS SUPLICAMOS, Pai de bondade, que envieis o vosso Espírito Santo para santificar estes dons do pão

e do vinho, a fim de que se tornem para nós o Corpo e †
o Sangue de nosso Senhor Jesus Cristo.

— **Mandai o vosso Espírito Santo!**

NA VÉSPERA de sua paixão, durante a última Ceia, ele tomou o pão, deu graças e o partiu e deu a seus discípulos, dizendo:

TOMAI, TODOS, E COMEI: ISTO É O MEU CORPO, QUE SERÁ ENTREGUE POR VÓS.

Do mesmo modo, ao fim da ceia, ele, tomando o cálice em suas mãos, deu graças novamente e o entregou a seus discípulos, dizendo:

TOMAI, TODOS, E BEBEI: ESTE É O CÁLICE DO MEU SANGUE, O SANGUE DA NOVA E ETERNA ALIANÇA, QUE SERÁ DERRAMADO POR VÓS E POR TODOS, PARA REMISSÃO DOS PECADOS. FAZEI ISTO EM MEMÓRIA DE MIM.

Eis o mistério da fé!

— **Anunciamos, Senhor, a vossa morte e proclamamos a vossa ressurreição. Vinde, Senhor Jesus!**

Ou

— **Todas as vezes que comemos deste pão e bebemos deste cálice, anunciamos, Senhor, a vossa morte enquanto esperamos a vossa vinda!**

Ou

— **Salvador do mundo, salvai-nos, vós que nos libertastes pela cruz e ressurreição!**

CELEBRANDO, pois, ó Pai santo, a memória de Cristo, vosso Filho, nosso Salvador, que pela paixão e morte de cruz fizestes entrar na glória da ressurreição e colocastes à vossa direita, anunciamos a obra do vosso amor até que ele venha e vos oferecemos o pão da vida e o cálice da bênção.

OLHAI com bondade para a oferta da vossa Igreja. Nela vos apresentamos o sacrifício pascal de Cristo, que vos foi entregue. E concedei que, pela força do Espírito do vosso amor, sejamos contados, agora e por toda a

eternidade, entre os membros do vosso Filho, cujo Corpo e Sangue comungamos.

— Aceitai, ó Senhor, a nossa oferta!

RENOVAI, Senhor, à luz do Evangelho, a vossa Igreja (que está em N.). Fortalecei o vínculo da unidade entre os fiéis leigos e os pastores do vosso povo, em comunhão com o nosso Papa N. e o nosso Bispo N. e os bispos do mundo inteiro, para que o vosso povo, neste mundo dilacerado por discórdias, brilhe como sinal profético de unidade e de paz.

— Confirmai na caridade o vosso povo!

LEMBRAI-VOS dos nossos irmãos e irmãs (N. e N.), que adormeceram na paz do vosso Cristo, e de todos os falecidos, cuja fé só vós conhecestes: acolhei-os na luz da vossa face e concedei-lhes, no dia da ressurreição, a plenitude da vida.

— Concedei-lhes, ó Senhor, a luz eterna!

CONCEDEI-NOS ainda, no fim da nossa peregrinação terrestre, chegarmos todos à morada eterna, onde viveremos para sempre convosco. E em comunhão com a bem-aventurada Virgem Maria, com os Apóstolos e Mártires, (com S. N.: Santo do dia ou Patrono) e todos os santos, vos louvaremos e glorificaremos, por Jesus Cristo, vosso Filho.

POR Cristo, com Cristo, em Cristo, a vós, Deus Pai todo-poderoso, na unidade do Espírito Santo, toda a honra e toda a glória, agora e para sempre.

— Amém.

ORAÇÃO EUCARÍSTICA VI – B

(Missal, p. 848)

Deus conduz sua Igreja pelo caminho da salvação

— O Senhor esteja convosco.
— **Ele está no meio de nós.**
— Corações ao alto.
— **O nosso coração está em Deus.**
— Demos graças ao Senhor, nosso Deus.
— **É nosso dever e nossa salvação.**

NA VERDADE, é justo e necessário, é nosso dever e salvação dar-vos graças, sempre e em todo o lugar, Senhor, Pai santo, criador do mundo e fonte da vida. Nunca abandonais a obra da vossa sabedoria, agindo sempre no meio de nós. Com vosso braço poderoso, guiastes pelo deserto vosso povo de Israel. Hoje, com a luz e a força do Espírito Santo, acompanhais sempre a vossa Igreja, peregrina neste mundo; e por Jesus Cristo, vosso Filho, a acompanhais pelos caminhos da história até a felicidade perfeita em vosso reino. Por essa razão, também nós, com os Anjos e Santos, proclamamos a vossa glória, cantando (dizendo) a uma só voz:

— **Santo, Santo, Santo, Senhor, Deus do universo! O céu e a terra proclamam a vossa glória. Hosana nas alturas! Bendito o que vem em nome do Senhor! Hosana nas alturas!**

NA VERDADE, vós sois santo e digno de louvor, ó Deus, que amais os seres humanos e sempre os assistis no caminho da vida. Na verdade, é bendito o vosso Filho, presente no meio de nós, quando nos reunimos por seu amor. Como outrora aos discípulos, ele nos revela as Escrituras e parte o pão para nós.

— **O vosso Filho permaneça entre nós!**

NÓS VOS SUPLICAMOS, Pai de bondade, que envieis o vosso Espírito Santo para santificar estes dons do pão

e do vinho, a fim de que se tornem para nós o Corpo e †
o Sangue de nosso Senhor Jesus Cristo.

— **Mandai o vosso Espírito Santo!**

NA VÉSPERA de sua paixão, durante a última Ceia,
ele tomou o pão, deu graças e o partiu e deu a seus discípulos, dizendo:

TOMAI, TODOS, E COMEI: ISTO É O MEU CORPO,
QUE SERÁ ENTREGUE POR VÓS.

Do mesmo modo, ao fim da ceia, ele, tomando o cálice em suas mãos, deu graças novamente e o entregou a
seus discípulos, dizendo:

TOMAI, TODOS, E BEBEI: ESTE É O CÁLICE DO
MEU SANGUE, O SANGUE DA NOVA E ETERNA
ALIANÇA, QUE SERÁ DERRAMADO POR VÓS E POR
TODOS, PARA REMISSÃO DOS PECADOS. FAZEI
ISTO EM MEMÓRIA DE MIM.

Eis o mistério da fé!

— **Anunciamos, Senhor, a vossa morte e proclamamos a vossa ressurreição. Vinde, Senhor
Jesus!**

Ou

— **Todas as vezes que comemos deste pão e bebemos deste cálice, anunciamos, Senhor, a vossa
morte enquanto esperamos a vossa vinda!**

Ou

— **Salvador do mundo, salvai-nos, vós que nos
libertastes pela cruz e ressurreição!**

CELEBRANDO, pois, ó Pai santo, a memória de Cristo, vosso Filho, nosso Salvador, que pela paixão e morte
de cruz fizestes entrar na glória da ressurreição e colocastes à vossa direita, anunciamos a obra do vosso amor
até que ele venha e vos oferecemos o pão da vida e o
cálice da bênção.

OLHAI com bondade para a oferta da vossa Igreja.
Nela vos apresentamos o sacrifício pascal de Cristo, que
vos foi entregue. E concedei que, pela força do Espírito do vosso amor, sejamos contados, agora e por toda a

eternidade, entre os membros do vosso Filho, cujo Corpo e Sangue comungamos.

— Aceitai, ó Senhor, a nossa oferta!

FORTALECEI, Senhor, na unidade os convidados a participar da vossa mesa. Em comunhão com o nosso Papa N. e o nosso Bispo N., com todos os Bispos, presbíteros, diáconos e com todo o vosso povo, possamos irradiar confiança e alegria e caminhar com fé e esperança pelas estradas da vida.

— Tornai viva nossa fé, nossa esperança!

LEMBRAI-VOS dos nossos irmãos e irmãs (N. e N.), que adormeceram na paz do vosso Cristo, e de todos os falecidos, cuja fé só vós conhecestes: acolhei-os na luz da vossa face e concedei-lhes, no dia da ressurreição, a plenitude da vida.

— Concedei-lhes, ó Senhor, a luz eterna!

CONCEDEI-NOS ainda, no fim da nossa peregrinação terrestre, chegarmos todos à morada eterna, onde viveremos para sempre convosco. E em comunhão com a bem-aventurada Virgem Maria, com os Apóstolos e Mártires, (com S. N.: santo do dia ou patrono) e todos os Santos, vos louvaremos e glorificaremos, por Jesus Cristo, vosso Filho.

POR CRISTO, com Cristo, em Cristo, a vós, Deus Pai todo-poderoso, na unidade do Espírito Santo, toda a honra e toda a glória, agora e para sempre.

— Amém.

ORAÇÃO EUCARÍSTICA VI – C

(Missal, p. 854)

Jesus, caminho para o Pai

— O Senhor esteja convosco.
— **Ele está no meio de nós.**
— Corações ao alto.
— **O nosso coração está em Deus.**
— Demos graças ao Senhor, nosso Deus.
— **É nosso dever e nossa salvação.**

NA VERDADE, é justo e necessário, é nosso dever e salvação dar-vos graças, sempre e em todo o lugar, Pai santo, Senhor do céu e da terra, por Cristo, Senhor nosso. Pela vossa Palavra criastes o universo e em vossa justiça tudo governais. Tendo-se encarnado, vós nos destes o vosso Filho como mediador. Ele nos dirigiu a vossa palavra, convidando-nos a seguir seus passos. Ele é o caminho que conduz para vós, a verdade que nos liberta e a vida que nos enche de alegria. Por vosso Filho reunis em uma só família os homens e as mulheres, criados para a glória de vosso nome, redimidos pelo sangue de sua cruz e marcados com o selo do vosso Espírito. Por essa razão, agora e sempre, nós nos unimos à multidão dos Anjos e dos Santos, cantando (dizendo) a uma só voz:
— **Santo, Santo, Santo, Senhor, Deus do universo! O céu e a terra proclamam a vossa glória. Hosana nas alturas! Bendito o que vem em nome do Senhor! Hosana nas alturas!**

NA VERDADE, vós sois santo e digno de louvor, ó Deus, que amais os seres humanos e sempre os assistis no caminho da vida. Na verdade, é bendito o vosso Filho, presente no meio de nós, quando nos reunimos por seu amor. Como outrora aos discípulos, ele nos revela as Escrituras e parte o pão para nós.
— **O vosso Filho permaneça entre nós!**

NÓS VOS SUPLICAMOS, Pai de bondade, que envieis o vosso Espírito Santo para santificar estes dons do pão e do vinho, a fim de que se tornem para nós o Corpo e † o Sangue de nosso Senhor Jesus Cristo.

— Mandai o vosso Espírito Santo!

NA VÉSPERA de sua paixão, durante a última Ceia, ele tomou o pão, deu graças e o partiu e deu a seus discípulos, dizendo:

TOMAI, TODOS, E COMEI: ISTO É O MEU CORPO, QUE SERÁ ENTREGUE POR VÓS.

Do mesmo modo, ao fim da ceia, ele, tomando o cálice em suas mãos, deu graças novamente e o entregou a seus discípulos, dizendo:

TOMAI, TODOS, E BEBEI: ESTE É O CÁLICE DO MEU SANGUE, O SANGUE DA NOVA E ETERNA ALIANÇA, QUE SERÁ DERRAMADO POR VÓS E POR TODOS, PARA REMISSÃO DOS PECADOS. FAZEI ISTO EM MEMÓRIA DE MIM.

Eis o mistério da fé!

— Anunciamos, Senhor, a vossa morte e proclamamos a vossa ressurreição. Vinde, Senhor Jesus!

Ou

— Todas as vezes que comemos deste pão e bebemos deste cálice, anunciamos, Senhor, a vossa morte enquanto esperamos a vossa vinda!

Ou

— Salvador do mundo, salvai-nos, vós que nos libertastes pela cruz e ressurreição!

CELEBRANDO, pois, ó Pai santo, a memória de Cristo, vosso Filho, nosso Salvador, que pela paixão e morte de cruz fizestes entrar na glória da ressurreição e colocastes à vossa direita, anunciamos a obra do vosso amor até que ele venha e vos oferecemos o pão da vida e o cálice da bênção.

OLHAI com bondade para a oferta da vossa Igreja. Nela vos apresentamos o sacrifício pascal de Cristo, que vos foi entregue. E concedei que, pela força do Espírito do vosso amor, sejamos contados, agora e por toda a eternidade, entre os membros do vosso Filho, cujo Corpo e Sangue comungamos.

— Aceitai, ó Senhor, a nossa oferta!

PELA participação neste mistério, ó Pai todo-poderoso, santificai-nos pelo Espírito e concedei que nos tornemos semelhantes à imagem de vosso Filho. Fortalecei-nos na unidade, em comunhão com o nosso Papa N. e o nosso Bispo N., com todos os Bispos, presbíteros e diáconos e todo o vosso povo.

— O vosso Espírito nos una num só corpo!

FAZEI que todos os membros da Igreja, à luz da fé, saibam reconhecer os sinais dos tempos e empenhem-se, de verdade, no serviço do Evangelho. Tornai-nos abertos e disponíveis para todos, para que possamos partilhar as dores e as angústias, as alegrias e as esperanças, e andar juntos no caminho do vosso reino.

— Caminhamos no amor e na alegria!

LEMBRAI-VOS dos nossos irmãos e irmãs (N. e N.), que adormeceram na paz do vosso Cristo, e de todos os falecidos, cuja fé só vós conhecestes: acolhei-os na luz da vossa face e concedei-lhes, no dia da ressurreição, a plenitude da vida.

— Concedei-lhes, ó Senhor, a luz eterna!

CONCEDEI-NOS ainda, no fim da nossa peregrinação terrestre, chegarmos todos à morada eterna, onde viveremos para sempre convosco. E em comunhão com a bem-aventurada Virgem Maria, com os Apóstolos e Mártires, (com S. N.: santo do dia ou patrono) e todos os Santos, vos louvaremos e glorificaremos, por Jesus Cristo, vosso Filho.

POR CRISTO, com Cristo, em Cristo, a vós, Deus Pai todo-poderoso, na unidade do Espírito Santo, toda a honra e toda a glória, agora e para sempre.

— Amém.

ORAÇÃO EUCARÍSTICA VI – D

(Missal, p. 860)

Jesus que passa fazendo o bem

— O Senhor esteja convosco.
— **Ele está no meio de nós.**
— Corações ao alto.
— **O nosso coração está em Deus.**
— Demos graças ao Senhor, nosso Deus.
— **É nosso dever e nossa salvação.**

NA VERDADE, é justo e necessário, é nosso dever e salvação dar-vos graças, sempre e em todo o lugar, Pai misericordioso e Deus fiel. Vós nos destes vosso Filho Jesus Cristo, nosso Senhor e Redentor. Ele sempre se mostrou cheio de misericórdia pelos pequenos e pobres, pelos doentes e pecadores, colocando-se ao lado dos perseguidos e marginalizados. Com a vida e a palavra anunciou ao mundo que sois Pai e cuidais de todos como filhos e filhas. Por essa razão, com todos os Anjos e Santos, nós vos louvamos e bendizemos, e proclamamos o hino de vossa glória, cantando (dizendo) a uma só voz:

— **Santo, Santo, Santo, Senhor, Deus do universo! O céu e a terra proclamam a vossa glória. Hosana nas alturas! Bendito o que vem em nome do Senhor! Hosana nas alturas!**

NA VERDADE, vós sois santo e digno de louvor, ó Deus, que amais os seres humanos e sempre os assistis no caminho da vida. Na verdade, é bendito o vosso Filho, presente no meio de nós, quando nos reunimos por seu amor. Como outrora aos discípulos, ele nos revela as Escrituras e parte o pão para nós.

— **O vosso Filho permaneça entre nós!**

NÓS VOS SUPLICAMOS, Pai de bondade, que envieis o vosso Espírito Santo para santificar estes dons do pão

e do vinho, a fim de que se tornem para nós o Corpo e †
o Sangue de nosso Senhor Jesus Cristo.

— Mandai o vosso Espírito Santo!

NA VÉSPERA de sua paixão, durante a última Ceia,
ele tomou o pão, deu graças e o partiu e deu a seus discípulos, dizendo:

TOMAI, TODOS, E COMEI: ISTO É O MEU CORPO,
QUE SERÁ ENTREGUE POR VÓS.

Do mesmo modo, ao fim da ceia, ele, tomando o cálice em suas mãos, deu graças novamente e o entregou a
seus discípulos, dizendo:

TOMAI, TODOS, E BEBEI: ESTE É O CÁLICE DO
MEU SANGUE, O SANGUE DA NOVA E ETERNA
ALIANÇA, QUE SERÁ DERRAMADO POR VÓS E POR
TODOS, PARA REMISSÃO DOS PECADOS. FAZEI
ISTO EM MEMÓRIA DE MIM.

Eis o mistério da fé!

**— Anunciamos, Senhor, a vossa morte e proclamamos a vossa ressurreição. Vinde, Senhor
Jesus!**

Ou

**— Todas as vezes que comemos deste pão e bebemos deste cálice, anunciamos, Senhor, a vossa
morte enquanto esperamos a vossa vinda!**

Ou

**— Salvador do mundo, salvai-nos, vós que nos
libertastes pela cruz e ressurreição!**

CELEBRANDO, pois, ó Pai santo, a memória de Cristo, vosso Filho, nosso Salvador, que pela paixão e morte
de cruz fizestes entrar na glória da ressurreição e colocastes à vossa direita, anunciamos a obra do vosso amor
até que ele venha e vos oferecemos o pão da vida e o
cálice da bênção.

OLHAI com bondade para a oferta da vossa Igreja.
Nela vos apresentamos o sacrifício pascal de Cristo, que
vos foi entregue. E concedei que, pela força do Espírito do vosso amor, sejamos contados, agora e por toda a

eternidade, entre os membros do vosso Filho, cujo Corpo e Sangue comungamos.

— Aceitai, ó Senhor, a nossa oferta!

SENHOR DEUS, conduzi a vossa Igreja à perfeição na fé e no amor, em comunhão com o nosso Papa N., o nosso Bispo N., com todos os Bispos, presbíteros e diáconos e todo o povo que conquistastes.

— Confirmai o vosso povo na unidade!

DAI-NOS olhos para ver as necessidades e os sofrimentos dos nossos irmãos e irmãs; inspirai-nos palavras e ações para confortar os desanimados e oprimidos; fazei que, a exemplo de Cristo, e seguindo o seu mandamento, nos empenhemos lealmente no serviço a eles. Vossa Igreja seja testemunha viva da verdade e da liberdade, da justiça e da paz, para que toda a humanidade se abra à esperança de um mundo novo.

— Ajudai-nos a criar um mundo novo!

LEMBRAI-VOS dos nossos irmãos e irmãs (N. e N.), que adormeceram na paz do vosso Cristo, e de todos os falecidos, cuja fé só vós conhecestes: acolhei-os na luz da vossa face e concedei-lhes, no dia da ressurreição, a plenitude da vida.

— Concedei-lhes, ó Senhor, a luz eterna!

CONCEDEI-NOS ainda, no fim da nossa peregrinação terrestre, chegarmos todos à morada eterna, onde viveremos para sempre convosco. E em comunhão com a bem-aventurada Virgem Maria, com os Apóstolos e Mártires, (com S. N.: santo do dia ou patrono) e todos os Santos, vos louvaremos e glorificaremos, por Jesus Cristo, vosso Filho.

POR CRISTO, com Cristo, em Cristo, a vós, Deus Pai todo-poderoso, na unidade do Espírito Santo, toda a honra e toda a glória, agora e para sempre.

— Amém.

ORAÇÃO EUCARÍSTICA VII

(Missal, p. 866)

Sobre reconciliação – I

— O Senhor esteja convosco.
— **Ele está no meio de nós.**
— Corações ao alto.
— **O nosso coração está em Deus.**
— Demos graças ao Senhor, nosso Deus.
— **É nosso dever e nossa salvação.**

NA VERDADE, é justo e bom agradecer-vos, Deus Pai, porque constantemente nos chamais a viver na felicidade completa. Vós, Deus de ternura e de bondade, nunca vos cansais de perdoar. Ofereceis vosso perdão a todos convidando os pecadores a entregar-se confiantes à vossa misericórdia.

— **Como é grande, ó Pai, a vossa misericórdia!**

JAMAIS nos rejeitastes quando quebramos a vossa aliança, mas, por Jesus, vosso Filho e nosso irmão, criastes com a família humana novo laço de amizade, tão estreito e forte, que nada poderá romper. Concedeis agora a vosso povo tempo de graça e reconciliação. Dai, pois, em Cristo novo alento à vossa Igreja, para que se volte para vós. Fazei que, sempre mais dócil ao Espírito Santo, se coloque ao serviço de todos.

— **Como é grande, ó Pai, a vossa misericórdia!**

CHEIOS DE ADMIRAÇÃO e reconhecimento, unimos nossa voz à voz das multidões do céu para cantar o poder de vosso amor e a alegria da nossa salvação:

— **Santo, Santo, Santo, Senhor, Deus do universo! O céu e a terra proclamam a vossa glória. Hosana nas alturas! Bendito o que vem em nome do Senhor! Hosana nas alturas!**

Ó DEUS, desde a criação do mundo, fazeis o bem a cada um de nós para sermos santos como vós sois santo.

Olhai vosso povo aqui reunido e derramai a força do Espírito, para que estas oferendas se tornem o Corpo † e o Sangue do Filho muito amado, no qual também somos vossos filhos. Enquanto estávamos perdidos e incapazes de vos encontrar, vós nos amastes de modo admirável: pois vosso Filho — o Justo e Santo — entregou-se em nossas mãos aceitando ser pregado na cruz.

— **Como é grande, ó Pai, a vossa misericórdia!**

ANTES, porém, de seus braços abertos traçarem entre o céu e a terra o sinal permanente da vossa aliança, Jesus quis celebrar a Páscoa com seus discípulos. Ceando com eles, tomou o pão e pronunciou a bênção de ação de graças. Depois, partindo o pão, o deu a seus amigos, dizendo:

TOMAI, TODOS, E COMEI: ISTO É O MEU CORPO, QUE SERÁ ENTREGUE POR VÓS.

Ao fim da ceia, Jesus, sabendo que ia reconciliar todas as coisas pelo sangue a ser derramado na cruz, tomou o cálice com vinho. Deu graças novamente, e passou o cálice a seus amigos, dizendo:

TOMAI, TODOS, E BEBEI: ESTE É O CÁLICE DO MEU SANGUE, O SANGUE DA NOVA E ETERNA ALIANÇA, QUE SERÁ DERRAMADO POR VÓS E POR TODOS, PARA REMISSÃO DOS PECADOS. FAZEI ISTO EM MEMÓRIA DE MIM.

Eis o mistério da fé!

— **Anunciamos, Senhor, a vossa morte e proclamamos a vossa ressurreição. Vinde, Senhor Jesus!**

LEMBRAMO-NOS de Jesus Cristo, nossa páscoa e certeza da paz definitiva. Hoje celebramos sua morte e ressurreição, esperando o dia feliz de sua vinda gloriosa. Por isso, vos apresentamos, ó Deus fiel, a vítima de reconciliação que nos faz voltar à vossa graça.

— **Esperamos, ó Cristo, vossa vinda gloriosa!**

OLHAI, com amor, Pai misericordioso, aqueles que atraís para vós, fazendo-os participar no único sacrifício do Cristo. Pela força do Espírito Santo, todos se tornem um só corpo bem unido, no qual todas as divisões sejam superadas.

— Esperamos, ó Cristo, vossa vinda gloriosa!

CONSERVAI-NOS, em comunhão de fé e amor, unidos ao Papa N. e ao nosso Bispo N. Ajudai-nos a trabalhar juntos na construção do vosso reino, até o dia em que, diante de vós, formos santos com os vossos santos, ao lado da Virgem Maria e dos Apóstolos, com nossos irmãos e irmãs já falecidos que confiamos à vossa misericórdia. Quando fizermos parte da nova criação, enfim libertada de toda maldade e fraqueza, poderemos cantar a ação de graças do Cristo que vive para sempre.

— Esperamos, ó Cristo, vossa vinda gloriosa!

POR CRISTO, com Cristo, em Cristo, a vós, Deus Pai todo-poderoso, na unidade do Espírito Santo, toda a honra e toda a glória, agora e para sempre.

— Amém.

ORAÇÃO EUCARÍSTICA VIII

(Missal, p. 871)

Sobre reconciliação – II

— O Senhor esteja convosco.
— **Ele está no meio de nós.**
— Corações ao alto.
— **O nosso coração está em Deus.**
— Demos graças ao Senhor, nosso Deus.
— **É nosso dever e nossa salvação.**

NÓS VOS AGRADECEMOS, Deus Pai todo-poderoso, e por causa de vossa ação no mundo vos louvamos pelo Senhor Jesus. No meio da humanidade, dividida em contínua discórdia, sabemos por experiência que sempre levais as pessoas a procurar a reconciliação. Vosso Espírito Santo move os corações, de modo que os inimigos voltem à amizade, os adversários se deem as mãos e os povos procurem reencontrar a paz.
— **Fazei-nos, ó Pai, instrumentos de vossa paz!**
SIM, Ó PAI, porque é obra vossa que a busca da paz vença os conflitos, que o perdão supere o ódio, e a vingança dê lugar à reconciliação. Por tudo de bom que fazeis, Deus de misericórdia, não podemos deixar de vos louvar e agradecer. Unidos ao coro dos reconciliados, cantamos (dizemos) a uma só voz:
— **Santo, Santo, Santo, Senhor, Deus do universo! O céu e a terra proclamam a vossa glória. Hosana nas alturas! Bendito o que vem em nome do Senhor! Hosana nas alturas!**
DEUS de amor e de poder, louvado sois em vosso Filho Jesus Cristo, que veio em vosso nome. Ele é a vossa palavra que liberta e salva toda a humanidade. Ele é a mão que estendeis aos pecadores. Ele é o caminho pelo qual nos chega a vossa paz.
— **Fazei-nos, ó Pai, instrumentos de vossa paz!**

DEUS, nosso Pai, quando vos abandonamos, vós nos reconduzistes por vosso Filho, entregando-o à morte para que voltássemos a vós e nos amássemos uns aos outros. Por isso, celebramos a reconciliação que vosso Filho nos mereceu. Cumprindo o que ele nos mandou, vos pedimos: Santificai, † por vosso Espírito Santo, estas oferendas. Antes de dar a vida para nos libertar, durante a ceia, Jesus tomou o pão, pronunciou a bênção de ação de graças e o entregou a seus discípulos, dizendo:

TOMAI, TODOS, E COMEI: ISTO É O MEU CORPO, QUE SERÁ ENTREGUE POR VÓS.

Naquela mesma noite, tomou nas mãos o cálice e, proclamando a vossa misericórdia, o deu a seus discípulos, dizendo:

TOMAI, TODOS, E BEBEI: ESTE É O CÁLICE DO MEU SANGUE, O SANGUE DA NOVA E ETERNA ALIANÇA, QUE SERÁ DERRAMADO POR VÓS E POR TODOS, PARA REMISSÃO DOS PECADOS. FAZEI ISTO EM MEMÓRIA DE MIM.

Eis o mistério da fé!

— Anunciamos, Senhor, a vossa morte e proclamamos a vossa ressurreição. Vinde, Senhor Jesus!

Ó DEUS, Pai de misericórdia, vosso Filho nos deixou esta prova de amor. Celebrando a sua morte e ressurreição, nós vos damos aquilo que nos destes: o sacrifício da perfeita reconciliação.

— Glória e louvor ao Pai, que em Cristo nos reconciliou!

NÓS VOS PEDIMOS, ó Pai, aceitai-nos também com vosso Filho e, nesta ceia, dai-nos o mesmo Espírito de reconciliação e de paz.

— Glória e louvor ao Pai, que em Cristo nos reconciliou!

ELE nos conserve em comunhão com o Papa N. e nosso Bispo N., com todos os bispos e o povo que conquistastes. Fazei de vossa Igreja sinal da unidade entre os seres humanos e instrumento da vossa paz.

— Glória e louvor ao Pai, que em Cristo nos reconciliou!

ASSIM como aqui nos reunistes, ó Pai, à mesa do vosso Filho, em união com a Virgem Maria, Mãe de Deus, e com todos os santos, reuni no mundo novo, onde brilha a vossa paz, os homens e as mulheres de todas as classes e nações, de todas as raças e línguas, para a ceia da comunhão eterna, por Jesus Cristo, nosso Senhor.

— Glória e louvor ao Pai, que em Cristo nos reconciliou!

POR CRISTO, com Cristo, em Cristo, a vós, Deus Pai todo-poderoso, na unidade do Espírito Santo, toda a honra e toda a glória, agora e para sempre.

— Amém.

ORAÇÃO EUCARÍSTICA IX

(Crianças I – *Missal, p. 1.025*)

— O Senhor esteja convosco.
— **Ele está no meio de nós.**
— Corações ao alto.
— **O nosso coração está em Deus.**
— Demos graças ao Senhor, nosso Deus.
— **É nosso dever e nossa salvação.**

DEUS NOSSO PAI, vós nos reunistes e aqui estamos todos juntos, para celebrar vossos louvores com o coração em festa. Nós vos louvamos por todas as coisas bonitas que existem no mundo e também pela alegria que dais a todos nós. Nós vos louvamos pela luz do dia e por vossa Palavra que é nossa luz. Nós vos louvamos pela terra onde moram todas as pessoas. Obrigado pela vida que de vós recebemos.

— **O céu e a terra proclamam a vossa glória! Hosana nas alturas!**

SIM, Ó PAI, vós sois muito bom: amais a todos nós e fazeis por nós coisas maravilhosas. Vós sempre pensais em todos e quereis ficar perto de nós. Mandastes vosso Filho querido para viver no meio de nós. Jesus veio para nos salvar: curou os doentes, perdoou os pecadores. Mostrou a todos o vosso amor, ó Pai; acolheu e abençoou as crianças.

— **Bendito o que vem em nome do Senhor. Hosana nas alturas!**

NÓS NÃO estamos sozinhos para cantar vossos louvores. Estamos bem unidos com a Igreja inteira: com o Papa N., com o nosso Bispo N., e com todos os nossos irmãos e irmãs.

— **Bendito o que vem em nome do Senhor. Hosana nas alturas!**

NO CÉU também, ó Pai, todos cantam o vosso louvor: Maria, Mãe de Jesus, os apóstolos, os anjos e os santos, vossos amigos. Nós, aqui na terra, unidos a eles, com todas as crianças do mundo e suas famílias, alegres cantamos (dizemos) a uma só voz:

— **Santo, Santo, Santo, Senhor, Deus do universo! Hosana nas alturas!**

PAI, para vos dizer muito obrigado, trouxemos este pão e este vinho: pedimos que mandeis vosso Espírito Santo para que estas nossas ofertas se tornem o Corpo † e o Sangue de Jesus, vosso Filho querido. Assim, ó Pai, vos oferecemos o mesmo dom que vós nos dais.

— **Bendito sejais, Senhor Jesus!**

JESUS, antes de sua morte, pôs-se à mesa com os apóstolos, tomou o pão nas mãos e, rezando, deu graças. Depois partiu o pão e o deu a seus amigos, dizendo:

TOMAI, TODOS, E COMEI: ISTO É O MEU CORPO, QUE SERÁ ENTREGUE POR VÓS.

— **Bendito sejais, Senhor Jesus!**

ANTES de terminar a ceia, Jesus pegou o cálice de vinho e agradeceu de novo. Depois o deu a seus amigos, dizendo:

TOMAI, TODOS, E BEBEI: ESTE É O CÁLICE DO MEU SANGUE, O SANGUE DA NOVA E ETERNA ALIANÇA, QUE SERÁ DERRAMADO POR VÓS E POR TODOS, PARA REMISSÃO DOS PECADOS. E disse também: FAZEI ISTO EM MEMÓRIA DE MIM.

— **Bendito sejais, Senhor Jesus!**

NESTA reunião fazemos o que Jesus mandou. Lembramos a morte e ressurreição de Jesus que vive no meio de nós. Oferecemos, também, este Pão que dá a vida e este Cálice da nossa salvação. Junto com Jesus, ó Pai, entregamos a nossa vida em vossas mãos.

— **Com Jesus, recebei nossa vida.**

PAI que tanto nos amais, deixai-nos aproximar desta mesa para receber o Corpo e o Sangue do vosso Filho. Pedimos que o Espírito Santo nos ajude a viver unidos na alegria.

Ó PAI, sabemos que sempre vos lembrais de todos. Por isso, pedimos por aqueles que nós amamos (N. N.) e por todos os que morreram em vossa paz. Cuidai dos que sofrem e andam tristes; olhai com carinho o povo cristão e todas as pessoas do mundo.

— Com Jesus, recebei nossa vida.

DIANTE de tudo o que fazeis por meio de vosso Filho Jesus, nós vos bendizemos e louvamos.

POR Cristo, com Cristo, em Cristo, a vós, Deus Pai todo-poderoso, na unidade do Espírito Santo, toda a honra e toda a glória, agora e para sempre.

— Amém.

ORAÇÃO EUCARÍSTICA X

(Crianças II – *Missal, p. 1.031*)

— O Senhor esteja convosco.
— **Ele está no meio de nós.**
— Corações ao alto.
— **O nosso coração está em Deus.**
— Demos graças ao Senhor, nosso Deus.
— **É nosso dever e nossa salvação.**

Ó PAI QUERIDO, como é grande a nossa alegria em vos agradecer e, unidos com Jesus, cantar vosso louvor. Vós nos amais tanto que fizestes para nós este mundo tão grande e tão bonito.
— **Louvado seja o Pai, que tanto nos amou!**
PAI, vós nos amais tanto que nos destes vosso Filho Jesus para que ele nos leve até vós. Vós nos amais tanto que nos reunis em vosso Filho Jesus, como filhos e filhas da mesma família.
— **Louvado seja o Pai, que tanto nos amou!**
POR este amor tão grande queremos agradecer. Com os anjos e os santos, alegres, cantamos (dizemos) a uma só voz:
— **Santo, Santo, Santo, Senhor, Deus do universo! Os céus e a terra proclamam a vossa glória. Hosana nas alturas!**
SIM, louvado seja vosso Filho Jesus, amigo das crianças e dos pobres. Ele nos veio ensinar a amar a vós, ó Pai, como filhos e filhas, e amar-nos uns aos outros, como irmãos e irmãs.
— **Bendito o que vem em nome do Senhor! Hosana nas alturas!**
JESUS veio tirar do coração a maldade que não deixa ser amigo e amiga e trazer o amor que faz a gente ser feliz. Ele prometeu que o Espírito Santo ficaria sempre em nós para vivermos como filhos e filhas de Deus.

— **Bendito o que vem em nome do Senhor! Hosana nas alturas!**

ENVIAI, ó Deus nosso Pai, o vosso Espírito Santo para que este pão e este vinho se tornem o Corpo † e o Sangue de Jesus, nosso Senhor.

— **Bendito o que vem em nome do Senhor! Hosana nas alturas!**

ANTES de morrer Jesus mostrou como é grande vosso amor. Quando ele estava à mesa com os apóstolos, tomou o pão e rezou, louvando e agradecendo. Depois partiu o pão e o deu a seus amigos, dizendo:

TOMAI, TODOS, E COMEI: ISTO É O MEU CORPO, QUE SERÁ ENTREGUE POR VÓS.

— **Jesus, dais a vida por todos nós!**

DEPOIS Jesus tomou o cálice com vinho, de novo rezou e agradeceu, e o deu a cada um dizendo:

TOMAI, TODOS, E BEBEI: ESTE É O CÁLICE DO MEU SANGUE, O SANGUE DA NOVA E ETERNA ALIANÇA, QUE SERÁ DERRAMADO POR VÓS E POR TODOS, PARA REMISSÃO DOS PECADOS. E também disse: FAZEI ISTO EM MEMÓRIA DE MIM.

— **Jesus, dais a vida por todos nós!**

POR ISSO lembramos agora, Pai querido, a morte e a ressurreição de Jesus, que salvou o mundo. Ele mesmo se colocou em nossas mãos para ser este sacrifício que agora vos oferecemos. E assim somos cada vez mais atraídos para vós.

— **Glória e louvor a Jesus que nos leva ao Pai.**

ESCUTAI vossos filhos e filhas, ó Deus Pai, e concedei-nos o Espírito de amor. Nós, que participamos desta refeição, fiquemos sempre mais unidos, na vossa Igreja, com o Papa N., e com nosso Bispo N., com todos os outros bispos e com aqueles que servem o vosso povo.

— **Glória e louvor a Jesus que nos leva ao Pai.**

PEDIMOS por aqueles que amamos (N. N.) e também por aqueles que ainda não amamos bastante. Lembrai-

-vos dos que morreram (N. N.): sejam todos recebidos com amor na vossa casa.

UM DIA, enfim, reuni a todos nós em vosso Reino para vivermos com Maria, Mãe de Deus e nossa Mãe, a festa que no céu nunca se acaba. Então, com todos os amigos de Jesus, poderemos cantar para sempre o vosso amor.

— **Glória e louvor a Jesus que nos leva ao Pai.**

POR CRISTO, com Cristo, em Cristo, a vós, Deus Pai todo-poderoso, na unidade do Espírito Santo, toda a honra e toda a glória, agora e para sempre.

— **Amém.**

ORAÇÃO EUCARÍSTICA XI

(Crianças III – Missal, p. 1.036)

— O Senhor esteja convosco.
— **Ele está no meio de nós.**
— Corações ao alto.
— **O nosso coração está em Deus.**
— Demos graças ao Senhor, nosso Deus.
— **É nosso dever e nossa salvação.**

MUITO OBRIGADO, porque nos criastes, ó Deus. Querendo bem uns aos outros, viveremos no vosso amor. Vós nos dais a grande alegria de encontrar nossos amigos e conversar com eles. Podemos assim repartir com os outros as coisas bonitas que temos e as dificuldades que passamos.
— **Estamos alegres, ó Pai, e vos agradecemos!**
POR ISSO estamos contentes, ó Pai, e aqui vimos para agradecer. Com todos que acreditam em vós e com os Anjos e Santos vos louvamos, cantando (dizendo) a uma só voz:
— **Santo, Santo, Santo, Senhor, Deus do universo! O céu e a terra proclamam a vossa glória. Hosana nas alturas! Bendito o que vem em nome do Senhor! Hosana nas alturas!**
SOIS santo, ó Pai. Amais todas as pessoas do mundo e sois muito bom para nós. Agradecemos em primeiro lugar porque nos destes vosso Filho Jesus Cristo. Ele veio ao mundo, porque as pessoas se afastaram de vós e não se entendem mais. Jesus nos abriu os olhos e os ouvidos para compreendermos que somos irmãos e irmãs da família em que sois o nosso Pai. É Jesus que agora nos reúne em volta desta mesa para fazermos, bem unidos, o que na ceia fez com seus amigos.
— **Glória a Jesus, nosso Salvador.**
PAI, vós, que sois tão bom, mandai vosso Espírito Santo para santificar este pão e este vinho. Eles serão

assim o Corpo † e o Sangue de Jesus Cristo, vosso Filho. Antes de morrer por amor de nós, Jesus, pela última vez, pôs-se à mesa com seus Apóstolos. Tomou o pão nas mãos e vos agradeceu. Partiu o pão e o deu a seus amigos, dizendo:

TOMAI, TODOS, E COMEI: ISTO É O MEU CORPO, QUE SERÁ ENTREGUE POR VÓS.

— **Glória a Jesus, nosso Salvador.**

DO MESMO modo, tomou nas mãos o cálice com vinho e agradeceu de novo. Deu o cálice a seus amigos, dizendo:

TOMAI, TODOS, E BEBEI: ESTE É O CÁLICE DO MEU SANGUE, O SANGUE DA NOVA E ETERNA ALIANÇA, QUE SERÁ DERRAMADO POR VÓS E POR TODOS, PARA REMISSÃO DOS PECADOS.

E disse também:

FAZEI ISTO EM MEMÓRIA DE MIM.

— **Glória a Jesus, nosso Salvador.**

POR ISSO, ó Pai, estamos aqui reunidos diante de vós e cheios de alegria recordamos o que Jesus fez para nos salvar. Neste sacrifício, que ele deu à sua Igreja, celebramos a morte e a ressurreição de Jesus. Nós vos pedimos, ó Pai do céu, aceitai-nos com vosso amado Filho. Ele quis sofrer a morte por amor de nós, mas vós o ressuscitastes; por isso vos louvamos.

— **Com Jesus oferecemos, ó Pai, a nossa vida.**

JESUS agora vive junto de vós, ó Pai, mas ao mesmo tempo ele está aqui conosco. No fim do mundo ele voltará vitorioso: no seu reino ninguém mais vai sofrer, ninguém mais vai chorar, ninguém mais vai ficar triste. Vós nos chamastes, ó Pai do céu, para que nesta mesa recebamos o Corpo de Jesus, na alegria do Espírito Santo. Assim alimentados, queremos agradar-vos sempre mais.

— **Com Jesus oferecemos, ó Pai, a nossa vida.**

PAI de bondade, ajudai o Papa N. e nosso Bispo N. e os outros bispos da Igreja. Ajudai também os amigos de Jesus, para que vivam em paz no mundo inteiro e façam a todos bem felizes. Fazei que, um dia, estejamos junto a vós com Maria, Mãe de Deus, e com todos os santos, morando para sempre em vossa casa com Jesus.

— **Com Jesus oferecemos, ó Pai, a nossa vida.**

POR CRISTO, com Cristo, em Cristo, a vós, Deus Pai todo-poderoso, na unidade do Espírito Santo, toda a honra e toda a glória, agora e para sempre.

— **Amém.**

RITO DA COMUNHÃO

11. Oração do Pai-Nosso
Tendo colocado o cálice e a patena sobre o altar, o sacerdote diz unindo as mãos:

A — Obedientes à palavra do Salvador e formados por seu divino ensinamento, ousamos dizer:

B — Rezemos, com amor e confiança, a oração que o Senhor Jesus nos ensinou:

C — O Senhor nos comunicou o seu Espírito. Com a confiança e a liberdade de filhos, digamos juntos:

D — Antes de participar do banquete da Eucaristia, sinal de reconciliação e vínculo de união fraterna, rezemos, juntos, como o Senhor nos ensinou:

E — Guiados pelo Espírito de Jesus e iluminados pela sabedoria do evangelho, ousamos dizer:

— **PAI NOSSO** que estais nos céus, santificado seja o vosso nome, venha a nós o vosso reino, seja feita a vossa vontade, assim na terra como no céu; o pão nosso de cada dia nos dai hoje; perdoai-nos as nossas ofensas, assim como nós perdoamos a quem nos tem ofendido; e não nos deixeis cair em tentação, mas livrai-nos do mal.

— Livrai-nos de todos os males, ó Pai, e dai-nos hoje a vossa paz. Ajudados pela vossa misericórdia, sejamos sempre livres do pecado e protegidos de todos os perigos, enquanto, vivendo a esperança, aguardamos a vinda do Cristo Salvador.
— **Vosso é o reino, o poder e a glória para sempre!**

12. Oração pela Paz
— Senhor Jesus Cristo, dissestes aos vossos Apóstolos: eu vos deixo a paz, eu vos dou a minha paz. Não olheis

os nossos pecados, mas a fé que anima vossa Igreja; dai--lhe, segundo o vosso desejo, a paz e a unidade. Vós, que sois Deus, com o Pai e o Espírito Santo.

— Amém.

— A paz do Senhor esteja sempre convosco.

— O amor de Cristo nos uniu.

A — Irmãos e irmãs, saudai-vos em Cristo Jesus.

B — Como filhos e filhas do Deus da paz, saudai-vos com um gesto de comunhão fraterna.

C — Em Jesus, que nos tornou todos irmãos e irmãs com sua cruz, saudai-vos com um sinal de reconciliação e de paz.

D — No Espírito de Cristo ressuscitado, saudai-vos com um sinal de paz.

13. Fração do Pão

— Esta união do Corpo e do Sangue de Jesus, o Cristo e Senhor nosso, que vamos receber, nos sirva para a vida eterna.

— Cordeiro de Deus, que tirais o pecado do mundo, / tende piedade de nós. / Cordeiro de Deus, que tirais o pecado do mundo, / tende piedade de nós. / Cordeiro de Deus, que tirais o pecado do mundo, / dai-nos a paz.

O sacerdote, de mãos unidas, reza em silêncio:

— Senhor Jesus Cristo, o vosso Corpo e o vosso Sangue, que vou receber, não se tornem causa de juízo e condenação; mas, por vossa bondade, sejam sustento e remédio para minha vida.

OU

— Senhor Jesus Cristo, Filho do Deus vivo, que, cumprindo a vontade do Pai e agindo com o Espírito Santo, pela vossa morte destes vida ao mundo, livrai-me dos meus pecados e de todo mal; pelo vosso Corpo e pelo vosso Sangue, dai-me cumprir sempre a vossa vontade e jamais me separar de vós.

O sacerdote faz genuflexão, toma a hóstia e, elevando-a sobre a patena, diz em voz alta, voltado para o povo, uma das invocações seguintes:

— Felizes os convidados para o Banquete nupcial do Cordeiro. Eis o Cordeiro de Deus, que tira o pecado do mundo.

— Felizes os convidados para a ceia do Senhor. Eis o Cordeiro de Deus, que tira o pecado do mundo.

— Eu sou a luz do mundo; quem me segue não andará nas trevas, mas terá a luz da vida. Eis o Cordeiro de Deus, que tira o pecado do mundo.

— Quem come minha Carne e bebe meu Sangue permanece em mim e eu nele. Eis o Cordeiro de Deus, que tira o pecado do mundo.

— Provai e vede como o Senhor é bom; feliz de quem nele encontra seu refúgio. Eis o Cordeiro de Deus, que tira o pecado do mundo.

— Eu sou o Pão vivo, que desceu do céu: se alguém come deste Pão, viverá eternamente. Eis o Cordeiro de Deus, que tira o pecado do mundo.

— Senhor, eu não sou digno(a) de que entreis em minha morada, mas dizei uma palavra e serei salvo(a).

O sacerdote, voltado para o altar, reza em silêncio:
— Que o Corpo de Cristo me guarde para a vida eterna.

Comunga o Corpo de Cristo. Depois, segura o cálice e reza em silêncio:

— Que o Sangue de Cristo me guarde para a vida eterna.

14. Pós-Comunhão

Terminada a comunhão, o sacerdote, o diácono ou acólito, purifica a patena e o cálice. Enquanto se faz a purificação, o sacerdote reza em silêncio:

— Fazei, Senhor, que conservemos num coração puro o que a nossa boca recebeu. E que esta dádiva temporal se transforme para nós em remédio eterno.

É aconselhável guardar um instante de silêncio.

De pé, junto à cadeira ou ao altar, o sacerdote diz:

— **Oremos.**

Em seguida, abrindo os braços, diz a oração "Depois da Comunhão". Ao terminar, o povo aclama:

— **Amém.**

RITOS FINAIS

15. Bênção Final

Orações que poderão ser rezadas sobre o povo, antecedendo a bênção final.

1. Ó Deus, sede compassivo para com vosso povo, e não falte vossa ajuda, nesta vida, aos que lutam pela vida eterna. Por Cristo, nosso Senhor.

2. Concedei, ó Deus, aos vossos filhos e filhas, vossa assistência e vossa graça: dai-lhes saúde de alma e corpo, fazei que se amem como irmãos e estejam sempre a vosso serviço. Por Cristo, nosso Senhor.

3. Concedei, ó Deus, ao povo cristão conhecer a fé que professa e amar a liturgia que celebra. Por Cristo, nosso Senhor.

4. Ó Deus, abençoai o vosso povo para que se afaste de todo mal e alcance o que deseja. Por Cristo, nosso Senhor.

5. Concedei, ó Deus, a vossos fiéis a bênção desejada, para que nunca se afastem de vossa vontade e sempre se alegrem com os vossos benefícios. Por Cristo, nosso Senhor.

6. Ó Deus, fazei que o vosso povo se volte para vós de todo o coração, pois se o protegeis mesmo quando erra, com mais amor o guardais quando vos serve. Por Cristo, nosso Senhor.

7. Iluminai, ó Deus de bondade, a vossa família, para que, abraçando a vossa vontade, possa viver fazendo o bem. Por Cristo, nosso Senhor.

8. Permanecei, ó Deus, com vossos filhos e filhas e dai vossa assistência aos que se gloriam de vos ter por criador e guia, renovando o que criastes e conservando o que renovastes. Por Cristo, nosso Senhor.

9. Ó Deus, olhai com bondade os fiéis que imploram a vossa misericórdia, para que, confiando em vosso amor de pai, irradiem por toda parte a vossa caridade. Por Cristo, nosso Senhor.

10. Abençoai, ó Deus, o vosso povo que confia em vossa misericórdia, e realizai os desejos que vós mesmo lhe inspirastes. Por Cristo, nosso Senhor.

11. Ó Deus, concedei ao povo que vos serve crescer pela vossa graça e guardar sempre os vossos mandamentos. Por Cristo, nosso Senhor.

12. Favorecei, ó Deus, o vosso povo para que, livre de todo o mal, vos sirva de todo o coração e goze sempre do vosso amparo. Por Cristo, nosso Senhor.

13. Estendei, Senhor, sobre os vossos fiéis a vossa mão protetora, para que vos busquem de todo o coração e mereçam conseguir o que vos pedem. Por Cristo, nosso Senhor.

14. Ó Deus, que vossa família sempre se alegre pela celebração dos vossos mistérios e colha os frutos de sua redenção. Por Cristo, nosso Senhor.

15. Sede propício, Senhor, ao vosso povo para que, repelindo sempre o que vos desagrada, se alegre em cumprir a vossa lei. Por Cristo, nosso Senhor.

16. Guardai, ó Deus, o povo que vos implora, dando-lhe a pureza e a formação necessárias, para que, sustentado por vós nesta vida, possa conquistar os bens futuros. Por Cristo, nosso Senhor.

17. Olhai, ó Deus, esta vossa família, pela qual nosso Senhor Jesus Cristo não hesitou em entregar-se às mãos dos malfeitores e sofrer o suplício da cruz. Por Cristo, nosso Senhor.

18. Concedei, ó Deus, aos vossos fiéis viver continuamente os sacramentos pascais e desejar ardentemente os bens futuros, para que, fiéis aos mistérios pelos quais renasceram, sejam levados por suas obras a uma nova vida. Por Cristo, nosso Senhor.

19. Senhor nosso Deus, enriquecei vossos filhos e filhas com tesouros de vossa misericórdia e concedei-lhes paz e segurança para que, exultando em ação de graças, com alegria vos louvem. Por Cristo, nosso Senhor.

20. Deus vos abençoe com todas as bênçãos do céu e vos torne santos e puros diante dele; derrame sobre vós as riquezas da sua glória, instruindo-vos com as palavras da verdade, formando-vos pelo evangelho da salvação, e inflamando-vos de amor pelos irmãos. Por Cristo, nosso Senhor.

21. Ó Deus, purificai os vossos fiéis, inspirando-lhes verdadeiro arrependimento, para que possam triunfar dos maus desejos e comprazer-se sempre em vosso amor. Por Cristo, nosso Senhor.

22. Ó Deus que a vossa bênção frutifique em vossos fiéis e os disponha a todo progresso espiritual, para que sejam sustentados em suas ações pela força de vosso amor. Por Cristo, nosso Senhor.

23. Confirmai, ó Deus, os corações dos vossos filhos e filhas, e fortalecei-os com vossa graça, para que sejam fiéis na oração e sinceros no amor fraterno. Por Cristo, nosso Senhor.

24. Ó Deus, protetor dos que em vós esperam, abençoai os vossos fiéis; salvai, protegei e governai o vosso povo, para que, livre do pecado e seguro contra o inimigo, sempre persevere em vosso amor. Por Cristo, nosso Senhor.

NAS FESTAS DOS SANTOS

25. Ó Deus, que o povo cristão exulte pelos membros gloriosos do Corpo Místico de Cristo, para que, rendendo-vos culto na festa dos Santos, possa participar da sua sorte e alegrar-se para sempre em vossa glória. Por Cristo, nosso Senhor.

26. Ó Deus, fazei que o coração de vosso povo esteja sempre voltado para vós; e não deixeis de guiar com a vossa graça os que ajudais com tão grandes protetores. Por Cristo, nosso Senhor.

A — O Senhor esteja convosco.
— **Ele está no meio de nós.**
— Abençoe-vos Deus todo-poderoso, Pai † e Filho e Espírito Santo.
— **Amém.**
— Ide em paz, e o Senhor vos acompanhe.
— **Graças a Deus!**

B — O Senhor esteja convosco.
— **Ele está no meio de nós.**
— A paz de Deus, que supera todo entendimento, guarde vossos corações e vossas mentes no conhecimento e no amor de Deus e de seu Filho, nosso Senhor Jesus Cristo.
— **Amém.**
— Abençoe-vos Deus todo-poderoso, Pai † e Filho e Espírito Santo.
— **Amém.**
— A alegria do Senhor seja a vossa força; ide em paz e o Senhor vos acompanhe.
— **Graças a Deus!**

C — O Senhor esteja convosco.
— **Ele está no meio de nós.**
— Deus vos abençoe e vos guarde.
— **Amém.**
— Ele vos mostre a sua face e se compadeça de vós.

— **Amém.**
— Volva para vós o seu olhar e vos dê a sua paz.
— **Amém.**
— Abençoe-vos Deus todo-poderoso, Pai † e Filho e Espírito Santo.
— **Amém.**
— Glorificai o Senhor com vossa vida; ide em paz e o Senhor vos acompanhe.
— **Graças a Deus!**

D — O Senhor esteja convosco.
— **Ele está no meio de nós.**
— Deus todo-poderoso vos abençoe na sua bondade e infunda em vós a sabedoria da salvação.
— **Amém.**
— Sempre vos alimente com os ensinamentos da fé e vos faça perseverar nas boas obras.
— **Amém.**
— Oriente para ele os vossos passos e vos mostre o caminho da caridade e da paz.
— **Amém.**
— Abençoe-vos Deus todo-poderoso, Pai † e Filho e Espírito Santo.
— **Amém.**
— Ide em paz, e o Senhor vos acompanhe.
— **Graças a Deus!**

E — O Senhor esteja convosco.
— **Ele está no meio de nós.**
— Deus vos abençoe e vos guarde.
— **Amém.**
— Ele vos mostre a sua face e se compadeça de vós.
— **Amém.**
— Volva para vós o seu olhar e vos dê a sua paz.
— **Amém.**
— Abençoe-vos Deus todo-poderoso, Pai † e Filho e Espírito Santo.
— **Amém.**

16. Despedida

— Ide em paz, e o Senhor vos acompanhe.

— A alegria do Senhor seja a vossa força; ide em paz e o Senhor vos acompanhe.

— Em nome do Senhor, ide em paz e o Senhor vos acompanhe.

— Levai a todos a alegria do Senhor ressuscitado; ide em paz e o Senhor vos acompanhe.

— **Graças a Deus.**

Então o sacerdote beija o altar em sinal de veneração, como no início. Feita a devida reverência, retira-se com os ministros.
Caso ocorra ainda alguma ação litúrgica, omite-se o rito de despedida.

BÊNÇÃOS SOLENES

As seguintes bênçãos podem ser usadas, à vontade do sacerdote, no fim da Missa, da Liturgia da Palavra, da Liturgia das Horas ou dos Sacramentos. O diácono ou, na falta dele, o próprio sacerdote poderá fazer o convite com estas ou outras palavras: **Inclinai-vos para receber a bênção**. *Em seguida, o sacerdote estende as mãos sobre o povo, profere as bênçãos e, ao terminar, todos aclamam:* **Amém.**

I. Nas celebrações dos vários tempos

1. Advento

— Que o Deus onipotente e misericordioso vos ilumine com o advento do seu Filho, em cuja vinda credes e cuja volta esperais, e derrame sobre vós as suas bênçãos.

— **Amém.**

— Que durante esta vida ele vos torne firmes na fé, alegres na esperança, solícitos na caridade.

— **Amém.**

— Alegrando-vos agora pela vinda do Salvador feito homem, sejais recompensados com a vida eterna, quando vier de novo em sua glória.

— **Amém.**
— Abençoe-vos Deus todo-poderoso, Pai † e Filho e Espírito Santo.
— **Amém.**

2. Natal
— O Deus de infinita bondade, que, pela encarnação do seu Filho, expulsou as trevas do mundo e, com seu glorioso nascimento, transfigurou esta noite santa (este dia), expulse dos vossos corações as trevas dos vícios e vos transfigure com a luz das virtudes.
— **Amém.**
— Aquele que anunciou aos pastores pelo Anjo a grande alegria do nascimento do Salvador derrame em vossos corações a sua alegria e vos torne mensageiros do Evangelho.
— **Amém.**
— Aquele que, pela encarnação de seu Filho, uniu a terra ao céu, vos conceda sua paz e seu amor, e vos torne participantes da Igreja celeste.
— **Amém.**
— Abençoe-vos Deus todo-poderoso, Pai † e Filho e Espírito Santo.
— **Amém.**

3. Início do Ano
— Que Deus todo-poderoso, fonte e origem de toda bênção, vos conceda a sua graça, derrame sobre vós as suas bênçãos e vos guarde sãos e salvos todos os dias deste ano.
— **Amém.**
— Que ele vos conserve íntegros na fé, pacientes na esperança e perseverantes até o fim na caridade.
— **Amém.**
— Que ele disponha em sua paz vossos atos e vossos dias, atenda sempre as vossas preces e vos conduza à vida eterna.
— **Amém.**
— Abençoe-vos Deus todo-poderoso, Pai † e Filho e Espírito Santo.
— **Amém.**

4. Epifania do Senhor

— Deus, que vos chamou das trevas à sua luz admirável, derrame sobre vós as suas bênçãos e vos confirme na fé, na esperança e na caridade.

— **Amém.**

— Porque seguis confiantes o Cristo, que hoje se manifestou ao mundo como luz entre as trevas, Deus vos torne também uma luz para os vossos irmãos.

— **Amém.**

— Terminada a vossa peregrinação, possais chegar ao Cristo Senhor, luz da luz, que os magos procuravam guiados pela estrela e com grande alegria encontraram.

— **Amém.**

— Abençoe-vos Deus todo-poderoso, Pai † e Filho e Espírito Santo.

— **Amém.**

5. Tempo da Quaresma

— Deus, Pai de misericórdia, conceda a todos vós, como concedeu ao filho pródigo, a alegria do retorno à casa.

— **Amém.**

— O Senhor Jesus Cristo, modelo de oração e de vida, vos guie nesta caminhada quaresmal a uma verdadeira conversão.

— **Amém.**

— O Espírito de sabedoria e fortaleza vos sustente na luta contra o mal, para poderdes com Cristo celebrar a vitória da Páscoa.

— **Amém.**

— Abençoe-vos Deus todo-poderoso, Pai † e Filho e Espírito Santo.

— **Amém.**

6. Paixão do Senhor

— O Pai de misericórdia, que vos deu um exemplo de amor na paixão do seu Filho, vos conceda, pela vossa dedicação a Deus e ao próximo, a graça de sua bênção.

— **Amém.**

— O Cristo, cuja morte vos libertou da morte eterna, conceda-vos receber o dom da vida.
— **Amém.**
— Tendo seguido a lição de humildade deixada pelo Cristo, participeis igualmente de sua ressurreição.
— **Amém.**
— Abençoe-vos Deus todo-poderoso, Pai † e Filho e Espírito Santo.
— **Amém.**

7. Vigília Pascal e Dia de Páscoa
— Que o Deus todo-poderoso vos abençoe nesta solenidade pascal e vos proteja contra todo pecado.
— **Amém.**
— Aquele que nos renova para a vida eterna, pela ressurreição do seu Filho vos enriqueça com o dom da imortalidade.
— **Amém.**
— E vós que, transcorridos os dias da paixão do Senhor, celebrais com alegria a festa da Páscoa, possais chegar exultantes à festa das eternas alegrias.
— **Amém.**
— Abençoe-vos Deus todo-poderoso, Pai † e Filho e Espírito Santo.
— **Amém.**

8. Tempo Pascal
— Deus, que pela ressurreição do seu Filho único vos deu a graça da redenção e vos adotou como filhos e filhas, vos conceda a alegria de sua bênção.
— **Amém.**
— Aquele que, por sua morte, vos deu a eterna liberdade, vos conceda, por sua graça, a herança eterna.
— **Amém.**
— E, vivendo agora retamente, possais no céu unir-vos a Deus, para o qual, pela fé, já ressuscitastes no batismo.
— **Amém.**

— Abençoe-vos Deus todo-poderoso, Pai † e Filho e Espírito Santo.
— **Amém.**

9. Ascensão do Senhor
— Que Deus todo-poderoso vos abençoe no dia de hoje, quando o seu Filho penetrou no mais alto dos céus, abrindo o caminho para a vossa ascensão.
— **Amém.**
— Deus vos conceda que o Cristo, assim como se manifestou aos discípulos após a ressurreição, vos apareça em sua eterna benevolência quando vier para o julgamento.
— **Amém.**
— E vós, crendo que o Cristo está sentado com o Pai em sua glória, possais experimentar a alegria de tê-lo convosco até o fim dos tempos, conforme sua promessa.
— **Amém.**
— Abençoe-vos Deus todo-poderoso, Pai † e Filho e Espírito Santo.
— **Amém.**

10. Pentecostes
— Deus, o Pai das luzes, que (hoje) iluminou os corações dos discípulos, derramando sobre eles o Espírito Santo, vos conceda a alegria de sua bênção e a plenitude dos dons do mesmo Espírito.
— **Amém.**
— Aquele fogo, descido de modo admirável sobre os discípulos, purifique os vossos corações de todo mal e vos transfigure em sua luz.
— **Amém.**
— Aquele que na proclamação de uma só fé reuniu todas as línguas vos faça perseverar na mesma fé, passando da esperança à realidade.
— **Amém.**
— Abençoe-vos Deus todo-poderoso, Pai † e Filho e Espírito Santo.
— **Amém.**

11. Tempo Comum, I *(Bênção de Aarão: Nm 6,24-26)*

— Deus vos abençoe e vos guarde.

— **Amém.**

— Ele vos mostre a sua face e se compadeça de vós.

— **Amém.**

— Volva para vós o seu olhar e vos dê a sua paz.

— **Amém.**

— Abençoe-vos Deus todo-poderoso, Pai † e Filho e Espírito Santo.

— **Amém.**

12. Tempo Comum, II *(Fl 4,7)*

— A paz de Deus, que supera todo entendimento, guarde vossos corações e vossas mentes no conhecimento e no amor de Deus, e de seu Filho, nosso Senhor Jesus Cristo.

— **Amém.**

— Abençoe-vos Deus todo-poderoso, Pai † e Filho e Espírito Santo.

— **Amém.**

13. Tempo Comum, III

— Deus todo-poderoso vos abençoe na sua bondade e infunda em vós a sabedoria da salvação.

— **Amém.**

— Sempre vos alimente com os ensinamentos da fé e vos faça perseverar nas boas obras.

— **Amém.**

— Oriente para ele os vossos passos, e vos mostre o caminho da caridade e da paz.

— **Amém.**

— Abençoe-vos Deus todo-poderoso, Pai † e Filho e Espírito Santo.

— **Amém.**

14. Tempo Comum, IV

— Que o Deus de toda consolação disponha na sua paz os vossos dias e vos conceda as suas bênçãos.

— **Amém.**
— Sempre vos liberte de todos os perigos e confirme os vossos corações em seu amor.
— **Amém.**
— E assim, ricos em esperança, fé e caridade, possais viver praticando o bem e chegar felizes à vida eterna.
— **Amém.**
— Abençoe-vos Deus todo-poderoso, Pai † e Filho e Espírito Santo.
— **Amém.**

15. Tempo Comum, V
— Que Deus todo-poderoso vos livre sempre de toda adversidade e derrame sobre vós as suas bênçãos.
— **Amém.**
— Torne os vossos corações atentos à sua palavra, a fim de que transbordeis de alegria divina.
— **Amém.**
— Assim, abraçando o bem e a justiça, possais correr sempre pelo caminho dos mandamentos divinos e tornar-vos coerdeiros dos santos.
— **Amém.**
— Abençoe-vos Deus todo-poderoso, Pai † e Filho e Espírito Santo.
— **Amém.**

II. Nas celebrações dos santos

16. Nossa Senhora
— O Deus de bondade, que pelo Filho da Virgem Maria quis salvar a todos, vos enriqueça com sua bênção.
— **Amém.**
— Seja-vos dado sentir sempre e por toda parte a proteção da Virgem, por quem recebestes autor da vida.
— **Amém.**

— E vós, que vos reunistes hoje para celebrar sua solenidade, possais colher a alegria espiritual e o prêmio eterno.
— **Amém.**
— Abençoe-vos Deus todo-poderoso, Pai † e Filho e Espírito Santo.
— **Amém.**

17. São Pedro e São Paulo
— Abençoe-vos o Deus todo-poderoso, que vos deu por fundamento aquela fé proclamada pelo Apóstolo Pedro e sobre a qual se edifica toda a Igreja.
— **Amém.**
— Ele, que vos instruiu pela incansável pregação de São Paulo, vos ensine a conquistar também novos irmãos para o Cristo.
— **Amém.**
— Que a autoridade de Pedro e a pregação de Paulo vos levem à pátria celeste, onde chegaram gloriosamente um pela cruz e outro pela espada.
— **Amém.**
— Abençoe-vos Deus todo-poderoso, Pai † e Filho e Espírito Santo.
— **Amém.**

18. Santos Apóstolos
— Deus, que vos firmou na fé apostólica, vos abençoe pelos méritos e a intercessão dos santos Apóstolos N. e N. (do Santo Apóstolo N.)
— **Amém.**
— Aquele que vos quis instruir pela doutrina e exemplo dos Apóstolos vos torne, por sua proteção, testemunhas da verdade para todos.
— **Amém.**
— Pela intercessão dos Apóstolos, que vos deram por sua doutrina a firmeza da fé, possais chegar à pátria eterna.
— **Amém.**

— Abençoe-vos Deus todo-poderoso, Pai † e Filho e Espírito Santo.
— **Amém.**

19. Na Festa de um Santo

— O Deus, que é nosso Pai e nos reuniu hoje para celebrar a festa de **N.** (padroeiro (a) de nossa Comunidade, ou Paróquia, ou Diocese), vos abençoe, vos proteja de todo o mal, e vos confirme na sua paz.
— **Amém.**
— O Cristo Senhor, que manifestou em **N.** a força renovadora da Páscoa, vos torne testemunhas do seu Evangelho.
— **Amém.**
— O Espírito Santo, que em **N.** nos ofereceu um sinal de solidariedade fraterna, vos torne capazes de criar na Igreja uma verdadeira comunhão de fé e amor.
— **Amém.**
— Abençoe-vos Deus todo-poderoso, Pai † e Filho e Espírito Santo.
— **Amém.**

20. Todos os Santos

— Deus, glória e exultação dos Santos que hoje celebrais solenemente, vos abençoe para sempre.
— **Amém.**
— Livres por sua intercessão dos males presentes, e inspirados pelo exemplo de suas vidas, possais colocar-vos constantemente a serviço de Deus e dos irmãos.
— **Amém.**
— E assim, com todos eles, vos seja dado gozar a alegria da verdadeira pátria, onde a Igreja reúne os seus filhos e filhas aos santos para a paz eterna.
— **Amém.**
— Abençoe-vos Deus todo-poderoso, Pai † e Filho e Espírito Santo.
— **Amém.**

III. Outras bênçãos

21. Dedicação de Igreja

— Que Deus, o Senhor do céu e da terra, reunindo-vos hoje para a dedicação (o aniversário da dedicação) de sua casa, vos cubra com as bênçãos do céu.

— **Amém.**

— Reunindo em Cristo os filhos dispersos, faça de vós os seus templos e moradas do Espírito Santo.

— **Amém.**

— E assim, plenamente purificados, possais ser habitação de Deus e herdar, com todos os santos, a felicidade eterna.

— **Amém.**

— Abençoe-vos Deus todo-poderoso, Pai † e Filho e Espírito Santo.

— **Amém.**

22. Celebração dos Fiéis Defuntos

— O Deus de toda consolação vos dê a sua bênção, ele que na sua bondade criou o ser humano e deu aos que creem em seu Filho ressuscitado a esperança da ressurreição.

— **Amém.**

— Deus nos conceda o perdão dos pecados, e a todos os que morreram, a paz e a luz eterna.

— **Amém.**

— E todos nós, crendo que Cristo ressuscitou dentre os mortos, vivamos eternamente com ele.

— **Amém.**

— Abençoe-vos Deus todo-poderoso, Pai † e Filho e Espírito Santo.

— **Amém.**

MISSA DE EXÉQUIAS

(Celebração da Esperança Cristã)

Antífona de Entrada *(Jo 3,16)*

Deus amou tanto o mundo, que lhe deu seu próprio Filho: quem nele crê não perece, mas possui a vida eterna.

Oração

Deus eterno e todo-poderoso, que sois o senhor dos vivos e dos mortos e vos compadeceis de todos, concedei que nossos irmãos e irmãs, tendo alcançado o perdão pela vossa clemência, sejam eternamente felizes na vossa amizade e vos louvem para sempre. Por nosso Senhor Jesus Cristo, vosso Filho, na unidade do Espírito Santo.

Primeira Leitura *(Jó 19,1.23-27a)*

Leitura do Livro de Jó.

[1]Jó tomou a palavra e disse: [23]"Gostaria que minhas palavras fossem escritas e gravadas numa inscrição [24]com ponteiro de ferro e com chumbo, cravadas na rocha para sempre!

[25]Eu sei que o meu redentor está vivo e que, por último, se levantará sobre o pó; [26]e depois que tiverem destruído esta minha pele, na minha carne, verei a Deus. [27a]Eu mesmo o verei, meus olhos o contemplarão, e não os olhos de outros". — Palavra do Senhor.

— **Graças a Deus!**

Responsório *(Sl 26)*

— O Senhor é minha luz e salvação.

— **O Senhor é minha luz e salvação.**

— O Senhor é minha luz e salvação; / de quem eu terei medo? / O Senhor é a proteção da minha vida; / perante quem eu tremerei?

— Ao Senhor eu peço apenas uma coisa, / e é só isto que eu desejo: / habitar no santuário do Senhor / por toda a minha vida;/ saborear a suavidade do Senhor/ e contemplá-lo no seu templo.

— Ó Senhor, ouvi a voz do meu apelo, / atendei por compaixão! / É vossa face que eu procuro. / Não afasteis em vossa ira o vosso servo, / sois vós o meu auxílio!

Aclamação
— Aleluia! Aleluia! Aleluia!
— **Aleluia! Aleluia! Aleluia!**
— Se com Cristo nós morremos, com Cristo viveremos. Se com ele nós sofremos, com ele reinaremos.

Evangelho *(Jo 11,17-27)*
— O Senhor esteja convosco.
— **Ele está no meio de nós.**
— PROCLAMAÇÃO do Evangelho de Jesus Cristo † segundo João.
— **Glória a vós, Senhor.**

¹⁷Quando Jesus chegou a Betânia, encontrou Lázaro sepultado havia quatro dias. ¹⁸Betânia ficava a uns três quilômetros de Jerusalém. ¹⁹Muitos judeus tinham vindo à casa de Marta e Maria para as consolar por causa do irmão. ²⁰Quando Marta soube que Jesus tinha chegado, foi ao encontro dele. Maria ficou sentada em casa.

²¹Então Marta disse a Jesus: "Senhor, se tivesses estado aqui, meu irmão não teria morrido. ²²Mas mesmo assim, eu sei que o que pedires a Deus, ele te concederá".

²³Respondeu-lhe Jesus: "Teu irmão ressuscitará".

²⁴Disse Marta: "Eu sei que ele ressuscitará na ressurreição, no último dia".

²⁵Então Jesus disse: "Eu sou a ressurreição e a vida. Quem crê em mim, mesmo que morra, viverá. ²⁶E todo aquele que vive e crê em mim, não morrerá jamais. Crês isto?"

²⁷Respondeu ela: "Sim, Senhor, eu creio firmemente que tu és o Messias, o Filho de Deus, que devia vir ao mundo". — Palavra da Salvação.
— **Glória a vós, Senhor!**

Preces dos Fiéis

— Na certeza da misericórdia do Senhor para conosco e para com todos os que o buscam com sinceridade, elevemos nossos rogos com toda a confiança.

1. POR todos nós, para que vivendo a Palavra do Senhor, cresçamos em seu amor e na confiança de sua misericórdia, rezemos confiantes.

— **Dai-nos, Senhor, vossa misericórdia!**

2. POR todos os que, vivendo intensamente a fé, foram sepultados pelo batismo na morte de Cristo, sejam também ressuscitados com Ele, rezemos confiantes.

3. POR este nosso(a) irmão(ã) N., para que alcance de Deus sua misericórdia e seja acolhido(a) na eternidade feliz, rezemos confiantes.

4. POR todos os nossos falecidos, para que alcancem a misericórdia de Deus e sejam acolhidos no céu pela Virgem Maria, a Mãe de misericórdia, rezemos confiantes.

5. *(Outras Intenções)*

— Ó Deus, sejam essas preces proveitosas a vossos filhos e filhas, para que, purificados de todos os pecados, participem da vossa redenção. Por Cristo, nosso Senhor.

— **Amém.**

Sobre as Oferendas

Acolhei, ó Deus, a nossa oferenda em favor de (N. e N.) e de todos os que adormeceram em Cristo para que, por este sacrifício, livres dos laços da morte, obtenham a vida eterna. Por Cristo, nosso Senhor.

Prefácio: Fiéis Defuntos III

NA VERDADE, é justo e necessário, é nosso dever e salvação dar-vos graças, sempre e em todo o lugar, Senhor, Pai santo, Deus eterno e todo-poderoso, por Cristo, Senhor nosso. Ele é a salvação do mundo. Ele é a vida dos homens e das mulheres. Ele é a ressurreição dos mortos. Enquanto esperamos a glória celeste, com os anjos e todos os santos, em eterna alegria, nós vos aclamamos, cantando (dizendo) a uma só voz:

(O Celebrante escolhe a Oração Eucarística.)

Antífona *(Fl 3,20-21)*
Esperamos como Salvador o Senhor Jesus Cristo; ele transformará o nosso corpo mortal num corpo glorioso como o seu.

Pós-Comunhão
Deus todo-poderoso, que a participação nos vossos mistérios obtenha para nós a salvação e o perdão para os que partiram desta vida. Por Cristo, nosso Senhor.

Bênção
— O Senhor esteja convosco.
— **Ele está no meio de nós.**
— Abençoe-vos Deus todo-poderoso, Pai † e Filho e Espírito Santo.
— **Amém.**
— Permaneçamos na paz do Senhor, na força de seu amor, e que Ele nos acompanhe nessa vida.
— **Graças a Deus!**

Oração junto ao corpo (Encomendação)
— Como Deus todo-poderoso chamou para si nosso irmão (nossa irmã) N., entregamos seu corpo à terra de onde veio. Mas o Cristo, que ressuscitou como primogênito dentre os mortos, há de transformar nosso corpo à imagem de seu corpo glorificado. Recomendamos, pois, ao Senhor este nosso irmão (esta nossa irmã), para que ele o(a) receba em sua paz e lhe conceda a ressurreição do corpo no último dia.

(Todos rezam um instante em silêncio. Em seguida o Presidente da celebração convida os presentes para rezar o Pai-nosso, enquanto o corpo é aspergido.)

Rezemos com fé e esperança o Salmo 22:
— O Senhor é meu Pastor, nada me falta.
— **O Senhor é meu Pastor, nada me falta!**
— Ele me leva até águas tranquilas e refaz as minhas forças: pelos bons caminhos me conduz, por amor de seu nome. Ainda que eu passe pelo vale da morte, nenhum mal temerei, porque estais comigo: vosso bordão e vosso cajado me dão segurança.
— Preparais a mesa para mim na presença do inimigo; sobre minha cabeça derramai perfume, minha taça me enche de alegria. Graça e ventura me seguirão todos os dias da minha vida; e habitarei na casa do Senhor enquanto durarem os meus dias.

Oração: Recebei, ó Pai, nosso irmão (nossa irmã), que tanto amastes nesta vida. Em vossa misericórdia, concedei-lhe o perdão de suas faltas, e alcance hoje o repouso eterno, onde não há mais dor, mas a paz e a alegria para sempre. Por Cristo, nosso Senhor.

— Dai-lhe, Senhor, a felicidade eterna.
— **E brilhe para ele (ela) a vossa luz!**
— Salve Rainha, Mãe de misericórdia, vida, doçura, esperança nossa salve, ...

Oração junto à Sepultura
(Antes que o corpo seja sepultado, dá-se a bênção seguinte:)
— O Senhor esteja convosco.
— **Ele está no meio de nós!**
OREMOS: Senhor Jesus Cristo, permanecendo três dias no sepulcro, santificastes os túmulos dos vossos fiéis, para que, recebendo nossos corpos, fizessem crescer a esperança de nossa ressurreição. Que N., nosso(a)

irmão(ã), descanse em paz neste sepulcro até que vós, ressurreição e vida, o(a) ressusciteis para contemplar a luz eterna na visão da vossa face. Vós que sois Deus com o Pai, na unidade do Espírito Santo.

(Asperge-se o túmulo, enquanto se reza o Pai-nosso.)

BÊNÇÃO DO SANTÍSSIMO

(Cântico para a bênção)

1. Tão sublime Sacramento, adoremos neste altar, pois o Antigo Testamento deu ao novo seu lugar. Venha a fé por suplemento os sentidos completar!

2. Ao eterno Pai cantemos e a Jesus, o Salvador! Ao Espírito exaltemos, na Trindade eterno amor! Ao Deus uno e trino demos a alegria do louvor! Amém.

— Do céu lhes destes o Pão. (Aleluia)

— **Que contém todo o sabor.** (Aleluia)

— **Oremos:** Senhor Jesus Cristo, neste admirável Sacramento nos deixastes o memorial de vossa paixão. Dai-nos venerar com tão grande amor o mistério de vosso Corpo e de vosso Sangue; que possamos colher continuamente os frutos da Redenção. Vós que sois Deus com o Pai, na unidade do Espírito Santo.

— **Amém.**

(O Animador reza, enquanto o Celebrante mostra à Comunidade o Santíssimo Sacramento:)

— Deus vos abençoe e vos guarde! Que Ele vos ilumine com a luz de sua face e vos seja favorável! Que Ele vos mostre seu rosto e vos traga a paz! Que Ele vos dê a saúde do corpo e da alma!

— Nosso Senhor Jesus Cristo esteja perto de vós para vos defender; esteja em vosso coração para vos conservar; que Ele seja vosso guia para vos conduzir; que vos acompanhe para vos guardar; olhe por vós e sobre vós derrame sua bênção! Ele, que vive com o Pai, na unidade do Espírito Santo.

— **Amém.**

(Segue-se a bênção com o Santíssimo)

Louvores a Deus

Bendito seja Deus!
Bendito seja seu santo nome!

Bendito seja Jesus Cristo, verdadeiro Deus e verdadeiro Homem!
Bendito seja o nome de Jesus!
Bendito seja seu sacratíssimo Coração!
Bendito seja seu preciosíssimo Sangue!
Bendito seja Jesus no Santíssimo Sacramento do altar!
Bendito seja o Espírito Santo Paráclito!
Bendita seja a grande Mãe de Deus, Maria Santíssima!
Bendita seja sua santa e imaculada Conceição!
Bendita seja sua gloriosa Assunção!
Bendito seja o nome de Maria, Virgem e Mãe!
Bendito seja São José, seu castíssimo esposo!
Bendito seja Deus em seus anjos e em seus santos!

Oração pela Igreja e pela pátria

— Deus e Senhor nosso,

— protegei vossa Igreja,/ dai-lhe santos pastores e dignos ministros./ Derramai vossas bênçãos/ sobre nosso santo Padre, o Papa,/ sobre nosso Arcebispo,/ sobre nosso Pároco e sobre todo o clero;/ sobre o Chefe da Nação e do Estado/ e sobre todas as pessoas/ constituídas em dignidade,/ para que governem com justiça./ Dai ao povo brasileiro/ paz constante/ e prosperidade completa./ Favorecei,/ com os efeitos contínuos de vossa bondade,/ o Brasil,/ este Arcebispado,/ a Paróquia em que habitamos/ e a cada um de nós em particular,/ e a todas as pessoas/ por quem somos obrigados a orar/ ou que se recomendaram/ às nossas orações./ Tende misericórdia/ das almas dos fiéis/ que padecem no purgatório;/ dai-lhes, Senhor,/ o descanso e a luz eterna.

(Pai-nosso, Ave-Maria, Glória)

— Graças e louvores se deem a cada momento.
— Ao santíssimo e diviníssimo Sacramento!

Consagração a Nossa Senhora
da Conceição Aparecida

Ó Maria Santíssima, pelos méritos de nosso Senhor Jesus Cristo, em vossa querida imagem de Aparecida, espalhais inúmeros benefícios sobre todo o Brasil.

Eu, embora indigno de pertencer ao número de vossos filhos e filhas, mas cheio do desejo de participar dos benefícios de vossa misericórdia, prostrado a vossos pés:

consagro-vos o meu entendimento, para que sempre pense no amor que mereceis;

consagro-vos a minha língua, para que sempre vos louve e propague a vossa devoção;

consagro-vos o meu coração, para que, depois de Deus, vos ame sobre todas as coisas.

Recebei-me, ó Rainha incomparável, vós que o Cristo crucificado deu-nos por Mãe,

no ditoso número de vossos filhos e filhas; acolhei-me debaixo de vossa proteção;

socorrei-me em todas as minhas necessidades, espirituais e temporais, sobretudo na hora de minha morte.

Abençoai-me, ó celestial cooperadora, e com vossa poderosa intercessão, fortalecei-me em minha fraqueza, a fim de que, servindo-vos fielmente nesta vida, possa louvar-vos, amar-vos e dar-vos graças no céu, por toda eternidade. Assim seja!

ÍNDICE

Ritos Iniciais 5
Liturgia da Palavra 13
Liturgia Eucarística 15
Prefácios..17
Oração Eucarística I 41
Oração Eucarística II...47
Oração Eucarística III 51
Oração Eucarística IV..55
Oração Eucarística V 59
Oração Eucarística VI – A..................................63
Oração Eucarística VI – B..................................67
Oração Eucarística VI – C 71
Oração Eucarística VI – D..................................75
Oração Eucarística VII.......................................79
Oração Eucarística VIII..................................... 83
Oração Eucarística IX – Crianças I........................ 87
Oração Eucarística X – Crianças II...................... 91
Oração Eucarística XI – Crianças III..................... 95
Rito da Comunhão.. 99
Ritos Finais..103
Bênçãos Solenes...108

Missa de Exéquias 119
Bênção do Santíssimo.......................................125